Morgen werde ich selbst Venus eifersüchtig machen

Die schönsten Liebesbriefe berühmter Frauen

Morgen werde ich selbst Venus eifersüchtig machen

Die schönsten Liebesbriefe berühmter Frauen

Herausgegeben von
Johannes Thiele

List

Der List Verlag ist ein Unternehmen der
Econ Ullstein List Verlag GmbH & Co. KG

ISBN 3-471-78941-3

Satz: Franzis print & media GmbH, München
Druck und Bindung: Franz Spiegel GmbH, Ulm

Inhalt

Seufzer der Liebe in Tinte getaucht

»Morgen werde ich selbst Venus eifersüchtig machen.«

KÖNIGIN LUISE AN IHREN GEMAHL,
KÖNIG FRIEDRICH WILHELM III. VON PREUSSEN

»Ich möchte das fremde Zimmer ein wenig anwärmen. Möchte etwas Rot auflegen an den Wänden vor Deiner Ankunft. Möchte doch kein Regen in Deine Seele fallen! Nur immer Sonne in Deine edelsteinernen Augen! Ich wünsche Dir eine tausendjährige Einsamkeit! Und viele blaue Freundschaften mit Eidechsen. Ach, es gibt ja nichts, was ich Dir nicht wünschte. Die Arme tun mir weh von all den zurückgehaltenen Zärtlichkeiten gestern. Hab Nachsicht. Ich werde von einem Mal zum andern leichter werden; denn ich nehme ja immer noch an Liebe zu. … Mein Mund wagte sich ja kaum mehr in Deine Nähe. Nur ein ›Gefühl‹. Darf ich Dir alle Gedichte schenken? Deinen leuchtenden Namen ihnen allen voransetzen?«

CLAIRE GOLL
AN RAINER MARIA RILKE

Einen Liebesbrief zu schreiben, ist eine der existentiellsten Äußerungen des Menschen – ihn zu schicken, bedeutet, ein Lebenszeichen zu geben, ihn zu empfangen, beruhigt: Man schreibt mir, also bin ich.

»Ich liebe Dich, ich denke an Dich, Du fehlst mir« – selbst am Anfang des einundzwanzigsten Jahrhunderts, wo Telefon, Fax und E-Mail eigentlich an seine Stelle treten könnten, bleibt »der Kuß, der mit der Post geschickt wird«, wie es Victor Hugo ausdrückte, eines der Rituale der Liebe, nicht nur bei Schriftstellern. Franz Kafka jedoch war der Ansicht: »Geschriebene Küsse kommen nicht an.«

Vielleicht haben beide recht. Häufig beendet das Glück des Zusammenseins den Briefverkehr, und er setzt erst wieder mit einer Trennung ein. Ein Liebesbrief ist jedenfalls zumeist eine melancholische, ja traurige Sache: Nur Liebende, die getrennt sind, schreiben sich. Ihre Briefe geben daher oft die Angst, die Trauer über die Einsamkeit, den Schmerz über die Trennung wieder. Welche Bedrängnis, nicht zu wissen, wie es dem anderen ergeht.

So kommt es, daß viele Liebesbriefe Klage oder Trauer ausdrücken und meist mit der Hoffnung auf ein Wiedersehen enden. Selbst wenn Pläne geschmiedet werden und man sich in Träumen verliert: Das Geschriebene entsteht aus der Abwesenheit, aus der Leere, welche die Liebenden empfinden und die sie mit lautlosen Worten füllen möchten. Die Korrespondenz gibt der Liebe Nahrung, zeigt die Sehnsucht und steigert die Hoffnung.

Um das schmerzhafte Alleinsein zu überwinden, wird an gemeinsame Erlebnisse erinnert, leben Begebenheiten wieder auf, die das Paar zusammengebracht haben: das Kennenlernen, die Liebeserklärung, die ersten Hindernisse etc. All diese Ereignisse, die für andere unbedeutend sind, bilden ihren Schatz, das Geheimnis, das sie verbindet.

Für Roland Barthes wird im Liebesbrief »nach Art eines musikalischen Themas eine einzige Information variiert: Ich denke an dich«. Auch wenn es im Liebesbrief darum geht, das Intimste auszudrücken, das man empfindet, stellt er ein eigenes literarisches Genre dar, mit einer Geschichte, mit Regeln und Konventionen, die sich historisch ändern. Für Raymond Radiguet ist es die einfachste Form des Briefes, »denn er braucht nur die Liebe«. Doch den Liebenden fehlt oft das Selbstvertrauen, wenn sie sich ihrer starken Gefühle bewußt werden und sie Angst haben, sich in ihren Phantasien zu verlieren.

Von Liebe zu sprechen, ist manchmal schwierig, über sie zu schreiben, ist es noch mehr, vor allem für Männer. Dabei hat jede Epoche ihren eigenen Stil, von den »Tränenströmen« und leidenschaftlichen »Treueschwüren« des achtzehnten Jahrhunderts bis zur meist direkten Form der Liebeserklärung unserer Zeit.

Liebe zu geben und zu empfangen, das wird durch den Austausch der Briefe symbolisiert. Er hat nicht einmal mit dem Tod ein Ende, manche Witwen schreiben weiter an den Geliebten, wie Marie Curie oder die achtzigjährige Japanerin, deren Mann vom Chinafeldzug nicht zurückgekehrt ist – in einer Sammlung der »schönsten Liebesbriefe«, die 1995 mit Erfolg in Japan veröffentlicht wurde, sind folgende anrührende Zeilen zu lesen:

»Es ist schon ein halbes Jahrhundert her, daß ich Sie zum letzten Mal mit meinem Blick begleitete, ich hatte unser Kind auf dem Rücken und winkte mit unserer Fahne. Ich möchte wieder in Ihren Armen einschlafen können. Lassen Sie nie mehr meine Hand los!«

Liest man in den längst vergriffenen Anthologien von Liebesbriefen, fällt zunächst das Ungleichgewicht zwischen Frauen und Männern ins Auge: Auf neunzig Prozent Briefe von – prominenten – Männern kommen zehn Prozent Briefe von Frauen. Und noch etwas fällt auf: Zweifellos sind es die Frauen, die in krisenhaften Situationen am heftigsten um das Bestehen ihrer Liebe kämpfen – oft sogar noch im wörtlich ausgesprochenen Verzicht auf den Geliebten. Ihn geben sie vielleicht frei. Nicht ihre Liebe.

Das Auswahlkriterium dieser Anthologie besteht in der Leidenschaftlichkeit. Auf Briefe, deren literarische Berühmtheit in keinem Verhältnis zu ihrer seelischen Leere und Eitelkeit steht, Briefe, die sich lesen, als wäre Liebe nichts weiter als ein kunstvolles Schema virtuoser Galanterie, dem man pflichtbewußt Ausdruck zu geben sucht, wurde verzichtet. Gesucht wurde vielmehr nach Kardiogrammen, nach echten Herztönen, nach Leidenschaften, die aufs Papier geworfen wurden, nach dem Rätselhaften, Betörenden und auch Verstörenden, das die Liebe ist, die in diesen Briefen ihren persönlichen, ja intimen Ausdruck sucht.

Liebesbriefe zu lesen, ist mehr als ein nostalgisches Vergnügen. Natürlich schreibt man im einundzwanzigsten Jahrhundert keine Briefe im Postkutschenstil mehr, wie man ja auch keine Renaissancepaläste, Rokokopavillons und Biedermeierlusthäuschen mehr baut. Man verfaßt auch selten Berichte über Ereignisse, die ohnedies in allen Zeitungen zu lesen sind – woraus früher der Hauptteil aller Briefe bestand. Langwierige Betrachtungen, weitschweifige Ergüsse, umständliche Bekenntnisse, überhaupt das Ringen um Gefühle – das alles gehört der Vergangenheit an.

Noch das galante Jahrhundert berauschte sich daran, seine Koketterie in Briefen ebenso wie in Tagebüchern und Memoiren spielen zu lassen. Es ist lange her, seit ein ganzes Zeitalter von englischen Briefromanen bestimmt war, man in Tugenden und Sentimentalitäten korrespondierte. Heute ist der Liebesbrief vom Aussterben bedroht, nicht einmal das Fax ist an seine Stelle getreten, es ist allenfalls die SMS-Nachricht, die man sich in Kürzeln zutippt, die E-Mail, die in den Universen digitaler Kommunikation laut- und formlos auf uns zurauscht.

Doch die Lust, Briefe mit der Hand zu schreiben, lebt wieder auf. Denn der Liebesbrief als ein impressionistisches Kunstwerk ist in dieser Form noch immer unersetzbar – ein Lebenszeichen, ein Liebesbeweis, eine Skizze von Stimmungen, eine irritierende Folge von Beschwörungen, Beichten, Verzweiflungen, Betörungen, deren Abglanz auch uns heute noch anzusprechen, ja zu berühren vermag.

Für die Romantiker war die Geliebte »die Abbreviatur des Universums«. In den Briefen dieser Anthologie kommt dieses Universum unverkürzt, unzensiert, unverstellt zum Ausdruck. Sie sind daher weniger Spiegel tatsächlicher erotischer Erfahrungen als vielmehr weiblicher Gefühle, auch Täuschungen und Enttäuschungen. Jedes Mädchen glaubte vor Liebe zu verbrennen, keine Frau würde zugeben, ungeliebt geblieben zu sein. In vielen dieser Briefe spiegelt sich eine hochgestimmte Emotionalität, in der die Autorinnen ihre wahre Bestimmung erkannt haben – jenseits der trägen Herzensschlamperei und bisweilen tief lastenden Gleichgültigkeit, die die Männer ihnen zugemutet haben.

Die hier zusammengetragenen Briefe spiegeln echte Zuneigung, verzweifelte Hoffnung, dramatische Kommunikation. Wer kann einen Liebesbrief verstehen, wenn nicht der Mensch, an den er gerichtet war, wenn überhaupt einer? Fast meinen wir das vergilbte Papier in Händen zu halten, noch den schwachen Duft nach verwehtem Parfum einzuatmen, die verblaßte blaue Tinte zu entziffern. Es ist eine unsäglich anrührende Beschäftigung, in Liebesbriefen, in diesem »Archiv des Herzens«, zu lesen. Etwas vom Schönsten, was Lektüre überhaupt zu bieten hat.

Juli 2001 *Johannes Thiele*

Die Leichtigkeit des Verliebtseins

Ich fühlte eine Stärke, die Berge versetzt hätte

CAROLINE FLACHSLAND
an Johann Gottfried von Herder

Darmstadt gegen Ende April 1771

Ja, mein ewig Geliebtester, ich habe Ihre letzte Bitte erfüllt, ich bin seit Samstag so gelassen und heiter, als ich die Tage nach unserm ersten Abschied, da wir uns kaum kannten und staunten, und ich eine Stärke da fühlte, die Berge versetzt hätte, gewesen bin; ich fühle sie jetzt wieder! und zehnmal lebhafter als jemals. Ach! der süße Gedanke, daß mir mein Herder mit seiner ganzen schönen Seele gut ist, daß er mich mit allen meinen Fehlern doch lieb haben kann, daß er mein Engel sein will, das erhöht mehr als alle Erdenglückseligkeit! (...) Ach! Wenn Du das fühltest, wie sehr meine ganze Seele, meine ganze Empfindung nur in Dir lebt, daß sie nimmermehr von Dir gehen kann, wenn Sie mir dies reine, lautre, göttliche Gefühl, das nur Seelen vereinigt, zutrauen, ach, mein Allerliebster, mein Einziger, dann küsse ich deine Knie. (...) Komm, edle, himmlische Seele, wir wollen unserm guten Gott danken, daß er uns zusammengeführt hat; er weiß es am besten, warum wir jetzt getrennt sind – und sollt' ichs nicht auch schon halb wissen? Ich weiß es, ich bin noch nicht das, was ich für Dich, für Deine Gesellschaft sein sollte; jetzt habe ich Zeit, Munterkeit, Jugend, um alles noch nachzuholen. Welches Bild ist geschickter, mich zu Ihnen hinaufzubilden, aufzumuntern aus dem Seelenschlaf, der lang genug geschlafen worden, als eben Dein liebenswürdigstes, holdes Bild, das – o Gott, ich kanns nicht sagen, wie ichs anbete und umarme! – Aber verhehle mir keinen Zug daraus, mein Allerliebster; auf der ganzen Welt habe ich keinen Freund, wie Sie, und darf ich mirs frei sagen? keinen andern, für den ich mich ausbilde. Ach! wäre ich hierin nicht ganz unglücklich! (...)

Leb wohl, ewig wohl, edle, himmlische Seele! ich bin bei Dir, wo Du auch sein magst, in Deinem Reisewagen, den ich mit der bittersten Wehmut ansehen und hier bleiben mußte. Gott im Himmel segne Dich! Sei nur ruhig meinetwegen! Ich bin so heiter und gelassen, als ichs in meinem Leben nicht gewesen. –

Bilden Sie sich aber nur nicht ein, daß Sie mein Liebster sind

Luise von Gall
an Levin Schücking

Darmstadt, 18. Dezember 1842

Ist Ihnen ein Wort bekannt, Levin, welches Übermut heißt? Das Wort paßt für Sie, dies und kein anderes! Da jagt er und jagt und schießt und läßt Fanfaren blasen und wickelt sich eine goldene Schnur um seinen grünen Hut und zieht gelbe Stiefel an wie ein Türke und meint, mir müsse das alles recht sein, wenn ich auch nichts von ihm höre, mich vergessen glaube! Ja, vergessen – das fürchte ich immer! Dann fragt er mich noch ganz naiv: »Gelt, Du hast mich recht lieb?« Darauf rechnet er eben, und darum ist er so übermütig. Que faire? Sogar entschlossen habe ich mich, diesem absoluten Fürsten nun endlich mein Bild zu schicken, denn er muß mich für noch häßlicher halten, als mich die Zeichnung darstellt, sonst würde er nicht so grenzenlos ungalant sein, mich solange auf Antwort warten zu lassen, auf »die zwei liebenswürdigsten Briefe, die je geschrieben wurden«. Schmeichler! Oh, über dieses Geschlecht der Jäger!

Es war eine Ahnung in mir, daß ich immer so gegen die Jagd geeifert; Ahnung, daß sie mir noch einmal meinen Liebsten abspenstig mache. Bilden Sie sich aber nur nicht ein, daß Sie mein Liebster sind; ich kann Sie versichern, Sie sind auch erst auf dem Wege, und zwar eben auf einem sehr schlechten!

Ich bin wahrhaft viel zu gut gegen Sie, Levin. Ich kann und kann Dir nicht zürnen, Du böses, übermütiges, aber – liebes Kind! Warum schreibst Du aber so verlockende Briefe? Ich bin nur ein armes, harmloses Menschenkind und solchen Zauber nicht gewachsen!

Deine Straße ist auch meine

Caroline von Linsingen
an den Duke of Clarence

(1795)

Versprich mir nichts als diese eine Freude, daß ich immer sehe, daß unsere Liebe selbst in dieser Welt nicht verloren geht. Alles, was sie in Dir geweckt hat, das laß reifen. All die edleren Ziele, die sie Dir vorgab, all das Gute, das Du getan hast, das bleibt; nichts kann den Einfluß unserer Seelen durchkreuzen. Folge dem Weg, den wir betreten haben. Hier, nimm meine Hand: Deine Straße ist auch meine.

Da ich Dich so gern hob

Mileva Marić
an Albert Einstein

(1900)

Mei liebs Johonesl!
Da ich dich so gern hob und du so weit bist, daß ich Dir kein Putzerl kann geben, schreib ich dir jetzt dieses Brieferl und frag dich, ob du mich auch so gern host, wie ich Dich? Antworte mir sofort. Tausend Küßerline von deins

D(oxerl)

Briefchen, die voller heisser Liebe sind

MILEVA MARIĆ
an Albert Einstein

Zürich, 3. Mai 1901

Mein lieber Johannzel!
Heute bekam ich Dein 1. Brieferl, aus dem ich mit Verwunderung ersah, daß Du mein Zusagebriefchen nicht bekommen hast. Sollte es wirklich verlorengegangen oder sonst was damit ergangen sein? Aber hoffentlich hast Du es unterdessen doch bekommen. Gestern schrieb ich Dir auch ein Kärtchen in schlechtester Laune, wegen einem Brief, den ich bekam. Aber wo ich Dein Brieferl heute las, wurde ich ein bischen lustiger, da ich sehe, wie lieb Du mich hast, und denke, wir machen das Reiserl doch. Und komme also am Sonntag Morgen um 5 Uhr nach Como, weil ich nicht einen ganzen Tag mit der Route, die ich schon kenne, verlieren darf (gellst, da schaugst, was für ein braves Schatzerle Du hast). Und Du bist entweder schon am Bahnhof, was schwerlich gehen wird, oder ich erwarte Dich mit dem ersten Zug, der von Mailand kommt. Dann wollen wir einen Teil des Sees zu Fuss ablau-

fen und botanisieren und schwatzen und uns mit einander freuen. – (…)

Und so gerne hast Du Dein Doxerl, und so Sehnsucht hast nach ihr! Wie freut sie sich immer mit Deinen Briefchen, die voller heisser Liebe sind, und die ihr zeigen, dass Du wieder ihr lieber Schatz bist, von früher her, und Gotterl! was hat sie Dir für schöne Putzerline aufbewahrt!

Wie freue ich mich auf den Sonntag! jetzt sind nur noch 2 Tage bis dahin, also verschlaf Dich nicht. Es erwartet Dich mit Tausend Freuden Dein geplagtes

Toxerline

Ich bin Ihnen seltsam nahe, schon durch Tage und Wochen

LISA WEISE
an Rainer Maria Rilke

H., im Juli 1919

Ich sollte schweigen und mir genug sein lassen an der Musik Ihrer Lieder, in denen die Süße Chopinscher Nocturnos und die verhaltene Kraft Beethovenscher Largosätze schwingt. Ich sollte schweigen – aber ich würde mir wie beraubt vorkommen und wie um einen großen Verlust trauern, wenn ich dem Impuls, Ihnen zu danken, nicht nachgäbe. Bitte, zürnen Sie nicht!

Ich bin Ihnen seltsam nahe, schon durch Tage und Wochen.

Ihre Lieder berühren mich wie etwas Wiedergefundenes. Wenn auch die unlösbaren Fragen und die ungewissen Antworten des Herzens nicht ganz beschwichtigt werden, so wird doch die tiefe Einsamkeit, in der ich mit meinem kleinen Kind hier lebe, durch den reinen Bestand Ihrer Kunst milder und weniger lastend. Und das ist ja unendlich viel.

Lassen Sie mich danken für die »Erfahrungen«,

die Ihre Lieder aussprechen und die so viel Tröstungen enthalten, als das Herz anzunehmen willig und würdig ist.

Aber eine starke Seele hab ich

Clara Wieck
an Robert Schumann

(Zusatz von Robert Schumann: Leipzig am 26ten September 1837 gelesen unter tausend Freuden)

Zweifeln Sie noch an mir? Ich verzeih' es Ihnen, bin ich doch ein schwaches Mädchen! Ja, schwach? Aber eine starke Seele hab ich – ein Herz, das fest und unveränderlich ist. Dies sei Ihnen genug, um jeden Zweifel zu unterdrücken.

Sprechen können wir uns nicht allein, so sehr ich diesen Wunsch in mir herumtrage. Bedenken Sie, wenn Vater das erführe, so wär alles wieder aus und ich – könnt ich das ertragen? (...) Meine Angst ist oft sehr groß. Kann ich bauen auf Ihre Vorsicht? Und werden Sie fest genug sein, allen Wünschen des Vaters entgegen zu kommen? Er ist etwas hart, das ist wahr, aber ich glaube, wir beide werden es ihm einmal danken. Bis jetzt war ich immer sehr unglücklich, doch schreiben Sie mir ein Wort der Beruhigung unter diese Zeilen und ich werde (ruhig) sorglos in die weite Welt hinausgehen. Vater habe ich versprochen, heiter zu sein und noch einige Jahre der Kunst und der Welt zu leben. So manches werden Sie von mir hören, mancher Zweifel wird sich bei Ihnen regen, wenn Sie dies oder jenes erfahren, doch dann denken Sie – alles das tut sie ja für mich! Könnten Sie jemals wanken? Nun – so hätten Sie ein Herz gebrochen, das nur einmal liebte.

Das Erkennen des anderen

Nie, nie mehr werde ich böse sein

Sarah Bernhardt
an Jean Richepin

(1884)

Ja, ja, ich war gestern böse. O, wie ich wegen des Bösen in mir weine. Wie bereue ich die schlimmen Worte, an die Du nun denkst, wo Du allein bist. O, mein angebeteter Liebster, mein geliebtes Ideal, mein Herrscher, denk nur an die lieben, sanften Worte, die ich Dir sagte, Du Fürst meiner absoluten Leidenschaft, meiner Verehrung, meiner Anbetung. Ich bin nicht länger stolz. Ich bin gezähmt! Ich liege Dir zu Füßen, gehorsam und bußfertig. Nie, nie mehr werde ich böse sein.

Du bist ein Schlingel und hast meine Seele gestohlen

ANNETTE VON DROSTE-HÜLSHOFF
an Levin Schücking

Meersburg, 5. Mai 1842

Guten Morgen, Levin! Ich habe schon zwei Stunden wachend gelegen und in einem fort an Dich gedacht; ach, ich denke immer an Dich, immer. Doch punctum davon, ich darf und will Dich nicht weich stimmen, muß mir auch selbst Courage machen und fühle wohl, daß ich mit den ewigen Tränenweidensäuseln sowohl meine Bestimmung verfehle als auch Deine Teilnahme am Ende verlieren würde; denn Du bist ein hochmütiges Tier und hast einen doch nur lieb, wenn man was Tüchtiges ist und leistet. Schreib mir nur oft, mein Talent steigt und stirbt mit Deiner Liebe; was ich werde, werde ich durch Dich und um Deinetwillen; sonst wäre es mir viel lieber und bequemer, mir innerlich allein etwas vorzudichten.

Sobald ich diesen Brief geschlossen, geht's con fuore ans Werk; ich bin wieder in der fruchtbaren Stimmung, wo die Gedanken und Bilder mir ordentlich gegen den Hirnschädel pochen und mit

Gewalt ans Licht wollen, und denke Dir die Beiträge sehr bald schicken zu können, obwohl gewiß der Psalm wieder um zwei Drittel zu lang werden wird. Mich dünkt, könnte ich Dich alle Tage nur zwei Minuten sehn – o Gott, nur einen Augenblick! – dann würde ich jetzt singen, daß die Lachse aus dem Bodensee sprängen und die Möwen sich mir auf die Schulter setzten! Wir haben doch ein Götterleben hier geführt, trotz Deiner periodischen Brummigkeit! (...)

Schreib mir, daß Du mich lieb hast; ich habe es so lange nicht ordentlich gehört und bin so hungrig darauf, Du dummes, nichtwürdiges kleines Pferd! (...)

Levin, Levin, Du bist ein Schlingel und hast mir meine Seele gestohlen; Gott gebe, daß Du sie gut bewahrst. Aber Du hast mich auch lieb und denkst auch an mich an Deiner Donau, suchst Muscheln, die wahrscheinlich nicht da sind, und hast schon Pflanzenabdrücke und zwei Steine für mich zusammengehütet; so ist's recht! Und wären es am Ende auch simple Kiesel, so soll man immer füreinander denken und schaffen, um die Liebe in sich selbst frisch zu erhalten; ich will auch für Dich zusammenscharren, geschnittene Steine, Pasten, Rokoko, wie ich nur kann. Sobald man so viel zusammen hat, daß man es auf die ordinäre Post geben kann, ist es das Porto immer leicht wert, und es ist eine gar zu große Freude, das Empfangen wie das Geben. Du altes Herz, Deine Müschelchen, die Du mir hier gesucht und in dem Schwefelholzkästchen gegeben hast, kann ich kaum ohne Tränen ansehn, und sie sind mir lieber wie alle die schönen seltnen Meermuscheln in meinem Glasschranke zu Rüschhaus. Adieu, Levin, behalt Dein Mütterchen lieb, stelle Dir oft vor, daß ich bei Dir wäre und Du mir alles erzähltest und vertrautest, wie wir da zusammen waren; bitte, denk das oft, so wird in Deinem Herzen nie eine Falte gegen mich kommen; ich will Dir auch immer alles sagen.

Adieu, lieb Herz!

Und so mit mir verwebt bist Du

SUSETTE GONTARD (DIOTIMA)
an Friedrich Hölderlin

Du hast mich lieb, wie ich Dich, und das kann mir niemand nehmen ... Leb wohl, nahe oder ferne, doch immer bei mir. Und so mit mir verwebt bist Du, daß nichts Dich von mir trennen kann, wir sind beisammen, wo wir auch sind (...) Scheue Dein Herz nicht und glaube wie ich, daß wir ewig *unser* und nur *unser* sind.

Mein Herzensnarrchen, meine Einsamkeit, mein Schiff

Henriette Vogel
an Heinrich von Kleist

Berlin, November 1811

Mein Heinrich, mein Süßtönender, mein Hyazinthenbeet, mein Wonnemeer, mein Morgen- und Abendrot, meine Äolsharfe, mein Tau, mein Friedensbogen, mein Schoßkindchen, mein liebstes Herz, meine Freude im Leid, meine Wiedergeburt, meine Freiheit, meine Fessel, mein Sabbath, mein Goldkelch, meine Luft, meine Wärme, mein Gedanke, mein teurer Sünder, mein Gewünschtes hier und jenseit, mein Augentrost, meine süßeste Sorge, meine schönste Tugend, mein Stolz, mein Beschützer, mein Gewissen, mein Wald, meine Herrlichkeit, mein Schwert und Helm, meine Großmut, meine rechte Hand, mein Paradies, meine Träne, meine Himmelsleiter, mein Johannes, mein Tasso, mein Ritter, mein Graf Wetter, mein zarter Page, mein Erzdichter, mein Kristall, mein Lebensquell, meine Rast, meine Trauerweide, mein Herr Schutz und Schirm, mein Hoffen und Harren, meine Träume, mein liebstes Sternbild, mein

Schmeichelkätzchen, meine sichre Burg, mein Glück, mein Tod, mein Herzensnarrchen, meine Einsamkeit, mein Schiff, mein schönes Tal, meine Belohnung, mein Werther, meine Lethe, meine Wiege, mein Weihrauch und Myrrhen, meine Stimme, mein Richter, mein Heiliger, mein lieblicher Träumer, meine Sehnsucht, meine Seele, meine Nerven, mein goldner Spiegel, mein Rubin, meine Syringsflöte, meine Dornenkrone, meine tausend Wunderwerke, mein Lehrer und mein Schüler, wie über alles Gedachte und zu Erdenkende lieb ich dich.

Meine Seele sollst Du haben.

Henriette

Mein Schatten am Mittag, mein Quell in der Wüste, meine geliebte Mutter, meine Religion, meine innre Musik, mein armer kranker Heinrich, mein zartes weißes Lämmchen, meine Himmelspforte. H.

Du wirst zugeben, daß ich rätselhaft bin

VIRGINIA WOOLF
an Vita Sackville-West

Montag

Ja, Du bist ein flinkes Tier – zweifelsohne, was allerdings Deine Luftsprünge zur Ergötzung betrifft, immer, in der Ebury Street zum Beispiel um 4 Uhr früh, da bin ich nicht so sicher. Böses, gottloses Biest! Mit Austern Sport treiben zu wollen – lethargischen süßen lippenförmigen Austern, unzüchtigen lasziven Austern, seßhaften kalten Austern, das zu wollen, sag ich. Deine Auster war am Telefon aufgelöst in Tränen und flehte Clive an, zurück zu ihr zu kommen – das ist die ganze Treue, die in Austern ist. Doch wozu bin ich zurückgekommen? (...) Böses, gottloses Biest!

Gleichzeitig gab es da die Muscheln, die Krabbe: das Bett; das Holzfeuer: Alles soll Dir als Verdienst angerechnet werden. Ich bin eine faire Frau. Sei Du nur ein vorsichtiger Delphin mit Deinen Luftsprüngen, sonst findest Du Virginias weiche Spalten voller Widerhaken. Du wirst zugeben, daß ich rätselhaft bin – Du erfaßt mich jetzt nicht –

Süße, könntest Du daran denken, meinen Regenmantel (rosarot) und meine Handschuhe (scharlachrot) mitzubringen. Ich warf sie wohl in der Halle weg. Ich halte den Dienstag, der wunderbarerweise frei ist, zu jeden Zweck fest, den Du magst.

Der Tanz der Träume

Die Fähigkeit zu lieben ist meine größte Kraft

Elizabeth Barrett
an Robert Browning

Donnerstag Abend.
(Poststempel: 20. Dezember 1845)

Liebster, Du verstehst zu sagen, was mich so glücklich macht, Du, der nie daran denkt, wie Du sagst, mich glücklich zu machen! Ich meinesteils denke auch nicht daran; ich begreife nur, daß Du mein Glück bist, und daß Du also für mich kein anderes Glück mehr schaffen könntest, das zu haben sich lohnte – nicht einmal Du! Denn wie könntest Du's? Das wollte ich gestern sagen, aber ich konnte es nicht – es zu schreiben, ist leichter.

Da wir von Glück reden – soll ich es Dir sagen? Versprich, nicht böse zu sein und ich will es Dir sagen. Ich habe bisweilen gedacht, wenn ich nur mich bedächte, möchte ich lieber diesen Winter sterben – jetzt – ehe ich Dich in irgend etwas enttäuscht habe. Weil aber Du besser und lieber und mehr zu berücksichtigen bist als ich, so möchte ich es nicht. Ich kann nicht wünschen, Dir Schmerz zu machen, selbst auf die Aussicht hin, daß es ein geringerer Schmerz, ein geringeres Übel wäre, als was vielleicht folgen mag (wer kann das sagen?), wenn ich die Last Deines Lebens werde.

Denn wenn Du mich mit manchen Worten glücklich machst, ängstigst Du mich mit anderen – wie mit der Überschwenglichkeit gestern – und im Ernst – nur zu sehr im Ernst, wenn der Moment, über sie zu lächeln, vorbei ist – erschrecke ich, ich zittere! Wenn Du mich erst so kennen lernst, wie ich mich kenne, was, meinst Du, kann mich dann davor retten, daß ich Dich enttäusche und Dir mißfalle? Ich stelle die Frage und finde keine Antwort.

Es ist eine ärmliche Antwort, wenn ich sage, ich kann eines gut … ich habe eine Fähigkeit in hohem Maße. (…) Die Fähigkeit zu lieben ist meine größte Kraft – ich habe das geglaubt, ehe ich Dich kannte. Und obgleich jede Frau Dich lieben könnte – jede, die Verstand genug hat, um Dich damit zu erkennen – (o, denke nicht, ich vergrößere mein Amt in ungebührender Weise) so bleibe ich doch dabei, mir das einzureden! (…) Es ist eine so ärmliche Antwort! Eine beinahe so ärmliche Antwort wie Deine wäre, wenn ich Dich bitten wollte, Du solltest mich lehren, Dir immer zu gefallen; oder vielmehr, Dir nicht zu mißfallen, Dich nicht zu enttäuschen, zu quälen – wie, wenn all das in meinem Schicksal stände?

Die lange Wildnis ohne die Rosenblüte

ELIZABETH BARRETT
an Robert Browning

10. Januar 1846

Mir, mir allein scheint, daß kein Mann jemals einer Frau das bedeutete, was Du für mich bist. – Die Fülle muß in Verhältnis gebracht werden, wie Du weißt, zur Leere. (...) Nur ich weiß, was früher war – die lange Wildnis ohne die Rosenblüte (...) und die Unfähigkeit, Glück aufzunehmen, ähnlich wie ein schwarzes, gähnendes Loch, bevor diese Silberflut kam. Ist es nicht wunderbar, daß ich wie in einem Traum dastehe und ungläubig bin – nicht Dir gegenüber –, aber gegenüber meinem Schicksal? Wurde jemals irgendjemand so plötzlich aus einem lichtlosen Kerker befreit und auf den Gipfel seines Berges gebracht, und ihm wurde nicht schwindlig und bang im Herzen, wie es mir passierte?

Ich hab durch den Winter durchgesehen in den Frühling

Bettina Brentano
an Achim von Arnim

(nach 1808)

Hast Du das noch nicht gefühlt: wenn Du recht geliebt hast, daß alles um Dich sich verklärte? Vor mehreren Jahren, da lag der Schnee schon etwas tief, ich bin in der Lindenallee, es waren viele Raben auf die Bäume geflogen, ich war so kalt, so kalt, daß ich nicht einmal fror, obschon es auf mich schneite, ich war ganz empfindungslos. Da ging aber bald darauf die Sonne ganz rot unter, da hab' ich durch den Winter durchgesehen in den Frühling, wo sich Blätter und Blüten warm einander im Schoß lagen, durch die Erde durch, wo die Wurzeln mit gierigem Eifer ihre Kraft einsaugen, wo alles schlürft und genießt, wo der Herr, ihr Gott, in sichtbarer Gestalt hinwandelt und mit dem Blick den Segen erweckt, und alles war im Leben: da fühlte ich ganz deutlich, daß alles ewig ist, daß die Liebe ewig ist, aber nicht alt wird, daß sie durchdringt, daß Gott nur die Liebe in sein Reich aufnimmt, und daß sie der einzige Reichtum ist, den er gewährt; und wohl dem, der sich von ihr entzünden läßt, wo sie in Wahrheit ist.

Wenn ich aufwache, ist alles ganz anders

Camille Claudel
an Auguste Rodin

(Schloß Islette, 1892)

Da ich nichts zu tun habe, schreibe ich Ihnen schon wieder. Sie können sich nicht vorstellen, wie angenehm es ist in Islette.

Heute habe ich im mittleren Saal gegessen (der als Treibhaus dient, und wo man auf beiden Seiten in den Garten sieht).

Madame Courcelles hat mir angeboten (dabei hatte ich kein Sterbenswörtchen davon gesagt), auch Sie könnten, wenn Sie Lust hätten, von Zeit zu Zeit oder gar regelmäßig hier essen (sie scheint mir geradezu erpicht darauf). Und es ist so hübsch dort!

Ich bin im Park spazierengegangen, alles ist abgemäht, Heu, Weizen, Hafer, man kann ringsherum gehen, sehr reizvoll. Sollten Sie Ihr Versprechen wirklich wahrmachen – es wäre das Paradies.

Einen Arbeitsraum dürften Sie sich bestimmt aussuchen. Ich bin sicher, die Alte wird Sie vergöttern.

Sie schlug mir vor, doch auch im Fluß zu baden, wie ihre Tochter und das Kindermädchen; es soll völlig gefahrlos sein.

Wenn Sie gestatten – ich werde es tun. Und zwar mit Vergnügen. Dann erspare ich mir auch die Fahrt nach Azay zu den warmen Bädern. Würden Sie wohl die Freundlichkeit haben, mir im Louvre (Pariser Kaufhaus, A.d.Ü.) oder im Bon Marché (Kammgarn!) oder in Tours ein niedliches dunkelblaues, weiß eingefaßtes, zweiteiliges, aus Mieder und Beinkleid (mittlerer Größe) bestehendes Badekostüm zu kaufen?

Ich schlafe splitternackt; dann träume ich, Sie seien hier; doch wenn ich aufwache, ist alles ganz anders.

Betrügen Sie mich ja nicht mehr.

Könnte ich es Dich nur einmal ganz wissen lassen

Caroline Claudius-Perthes
an Friedrich Perthes

Das Liebhaben ist gewiß das größte Wunder im Himmel und auf Erden und das Einzige, von dem ich mir vorstellen kann, daß ich es in Ewigkeit nicht satt bekommen werde.

(1803)

Ich habe eben hinaus gesehen ins Freie und an Dich gedacht. Herrlich ist die Nacht mit den heiter funkelnden Sternen. Sieht Dich in Deinem Wagen der eine heller als der andere an, so soll er Dir Liebes und Gutes von mir überbringen und nichts Betrübtes, denn mir ist nicht mehr so wehe, wie wohl früher, wenn Du verreisest. Aber ich weiß gewiß, daß darin nicht Abnehmen der Liebe ist. Könnte ich es Dich nur einmal ganz wissen lassen, wie ich wirklich zu Dir stehe, so würdest Du Deine Freude daran haben, aber was ich auch sage und schreibe, es bleibt immer ein unverständlich Ding und ist nicht das Lebendige, was ich in mir trage.

Wenn Du mich nach diesem einmal ohne Worte wirst verstehen können, dann erst wirst Du besser merken, was und wie ich es eigentlich gemeint habe.

Wir wollen an unsere Liebe glauben wie an die Sonne

LUISE VON GALL
an Levin Schücking

Darmstadt, 17. März 1843

Es ist doch wunderbar, Levin, so fremd und so vertraut, so fern und so nah, so ungebunden und so innig verknüpft, so kurz die Bekanntschaft und so weit die Liebe! Wir haben uns beide schon so oft darüber verwundert, ich kann aber den Gedanken doch nicht von mir weisen, ein gütiger, unaussprechlich lieber und sorgender Vater hat uns, seine zwei armen verlassenen Kinder, zueinander geführt, daß wir eins dem anderen Trost und Glück bringen! Was mich so freut, ist, daß Du meiner Liebe so sicher bist! Wir wollen es auch nie machen wie andere Liebesleute und eins an dem anderen zweifeln, wir wollen an unsere Liebe glauben, wie an die Sonne. Oh, Levin, ich habe nie geglaubt, daß ich einem Wesen wie Du begegnen würde, wenn ich auch geahnt, daß es solch ein Wesen gibt. Zuweilen kommt es mir vor, als müßte ich jetzt schon ganz zufrieden, ja glücklich sein, und dann geht es mir gerade wie Dir und ich finde, daß ich nichts habe als die Sehnsucht, Dich zu sehen. Wenn ich Dich nur sehe, ehe ich sterbe!

Ich glaubte Ihre Gedanken zu hören

Anna Luise Karsch
an Johann Wilhelm Ludwig Gleim

Den 2. Juni 1761

Mein süßer Freund,
sind Ihre Gedanken der Gesellschaft treu geblieben? Ich zweifle, denn ich wandelte gestern spät unter den Rosen im Garten umher, sanfte kühle Lüfte flüsterten nahe bei mir, und ich glaubte Ihre Gedanken darunter zu hören. Der Mond machte auch mit seinem halben Antlitz den Abend prächtig und ich dachte tausendmal meinem Gleim. O, mein bester Freund, ich war in der Tat krank. Sie glauben nicht, was ich alles mit dem Suchen im Tiergarten ausstand. Ich zürnte auf die schattigen Bäume und auf die singenden Vögel, ich lief mit den Schritten eines Flüchtlings und mein Herz empfand den angreifendsten Verdruß, so gewiß ist es, daß alles, was unsere Seele leidet, auch dem Körper schmerzhaft wird, und nichts gewisser ist, als daß ich Ihnen heute sehen muß. O könnt ich alle Dinge möglich machen, was würd ich alles für Wunderwerke tun, um Verdienste genug zu haben.

Ihre beste Freundin zu sein, Sappho.

Oder hast Du Dich schon mit mir gemischt

PAULA LUDWIG
an Iwan Goll

Berlin, 3. Mai 1932

Damit die Erkenntnisse zum Licht werden und nicht zum Fluch – habe ich mich vorübergehend in gedankenlose glückliche Tätigkeit gestürzt (ich male), mein Herz zu erholen und wie in einer Sommerfrische meine Augen zu baden und meinen Händen ein Spielzeug zu geben. An kleinen Gräsern, an runden Blättern hängt nun meine Seele, ich führe sie spazieren auf verschlungenen Wegen, zwischen samtgrünen Hügeln, genau durch die Landschaft, die ihr am besten gefällt. Da mag sie sitzen am türkisblauen Wasser oder als Eichhörnchen im Nest der Zweige hocken. Täglich ersinne ich neue angenehme Wohnsitze für das traurige Ding – damit sie nur nicht in den eigenen Körper zurückkehren muß – (...)

Du ahnst ja nicht, wie groß die Überwindung war, der Tod, den ich zu überwinden hatte, die Enttäuschung die diese letzte Liebe mir bereitet hat – aber alles ist nur ein Weg – das ganze Leben und alle Erfahrungen und ich gehe wieder, ich gehe wieder weiter – o Du Nacht-Gewässer in das ich mündete und dachte es wäre das Meer – oder hast Du Dich schon mit mir gemischt und sind wir ein Strom der gemeinsam einem Größeren zuströmt? Fast scheint es mir so Du Geliebte Geliebter und das was ich für Enttäuschung hielt war nur ein Fehler meines Gefühls.

Daß ich die Gedichte liebe und schön finde sage ich Dir zum Ende nun doch. Ich liebe sie wie ein kostbares Kleid das Du getragen hast. Du hast es abgelegt und ich streichle darüber, vergangene Alltage haben ihre Spuren eingezeichnet, Blutstropfen haben Flecken hinterlassen, Staub von Paris Straßen säumt ihren Saum. Es bröckelt und bricht darin, es mußte so alt werden um abgelegt werden zu müssen. Es ist bis ins letzte verbraucht. Aber sie sind als Gedichte so gültig als wären es Hymnen an die Natur!

Morgen werde ich selbst Venus eifersüchtig machen

Luise von Preussen
an König Friedrich Wilhelm III.

Berlin, den 25. April 1797

Ihre stets ergebene und gehorsame Dienerin!
Vergebens habe ich den ganzen Tag gewartet. Keine Nachricht, kein Brief, keine Antwort von Seiner Königlichen Hoheit, und ich bin so weit, und so klug wie gestern, ehe ich Ihnen schrieb. Das Gallenfieber ärgere ich mich an den Hals, doch das will ich bleiben lassen und Dir sagen, daß ich mich recht sehr wohl befinde, heute etwas eingenommen habe, worauf ich mich gestärkt und erleichtert fühle. (…)

A propos, ich habe mir was ausgedacht. Um Dich dafür zu bestrafen, daß Du Sonnabend soviel Champagnerwein trinkst, teile ich Dir mit, daß ich mich für die ganze Zeit meines Aufenthalts in Potsdam schminken lassen werde, und wenn ich erfahre, daß Du kommenden Sonntag auch noch soviel trinkst, werde ich's in Paretz ebenso machen. (…)

Leb wohl, ich will meine Anmut ausruhen, um für den anbrechenden Morgen frischer zu sein. Ich fühle es, morgen werde ich selbst Venus eifersüchtig machen. Wenn aber der eifrige Jünger des Mars mich immer lieb hat, überlasse ich Venus gern ihre Schönheit und Anmut, das Glück ist mir. Du lieber Kriegsknecht, bleibe mir treu und gut und mache mich stets so glücklich, wie ich's nun drei Jahre durch Dich bin.

Deine Louise

Bei uns muß es still und ruhig sein

ROSA LUXEMBURG
an Leo Jogisches

Berlin, 6. März 1899

Mein lieber, geliebter Dziodziu!
Ich küsse Dich tausendmal für den liebsten aller Briefe und das Geschenk, das ich noch nicht erhalten habe. Was ist nur in diesem Jahr geschehen, ich werde überschüttet, wie aus einem Füllhorn.

(...) Mein Goldener, Lieber, was für eine Freude Du mir mit Deinem Brief gemacht hast: ich habe ihn schon sechsmal von Anfang bis zum Ende gelesen. Also wahrhaftig, Du bist mit mir zufrieden! Du schreibst, daß ich vielleicht nur so innerlich weiß, daß es dort irgendwo einen Menschen mit Namen Dziodziu gibt, der zu mir gehört! Und fühlst Du denn nicht, daß ich alles, was ich tue, immer nur mit dem Gedanken an Dich tue: wenn ich einen Artikel schreibe, so ist mein erster Gedanke – das wird Dir Freude machen, und wenn ich zwei Tage habe, wo ich an meiner eigenen Kraft zweifle und nicht arbeiten kann, dann nagt an mir nur der Gedanke, wie das auf Dich wirkt, ich halte mein Versprechen an Dich nicht ein, ich enttäusche Dich. (…)

Am meisten habe ich mich über die Stelle in Deinem Brief gefreut, wo Du schreibst, daß wir beide noch jung sind und noch imstande, auch unser persönliches Leben einzurichten. Ach, Dziodziu, goldener, würdest Du doch dieses Versprechen halten! … Eine kleine Wohnung für uns, unsere eigenen Möbel, unsere Bibliothek; Stille und regelmäßige Arbeit, gemeinsame Spaziergänge, von Zeit zu Zeit eine Oper, ein kleiner, *sehr* kleiner Kreis von Bekannten, die man manchmal zum Abendessen einlädt, jeden Sommer für einen Monat aufs Land fahren, aber das dann ganz *ohne* Arbeit! (…)

Aber wir werden nie mehr miteinander streiten bei uns daheim, nicht wahr? Bei uns muß es still und ruhig sein, wie bei allen Leuten.

Fast immer seh ich Dich mit schönen Frauen

SOPHIE MEREAU
an Clemens Brentano

Heidelberg, 12. November 1804

Ich träume oft von Dir, ohne gerade an Dich zu denken; doch ist dies wohl das eigentlichste, tiefste Denken. Aber fast immer seh ich Dich mit schönen Frauen, mit denen Du sehr interessante, kleine Romane spielst. Zwei waren besonders lebhaft. Die eine hieß Jeanette und war eine Abenteurerin, eine schöne Sünderin, wie Du sie liebst. Sie war bei Dir unter mancherlei Verkleidungen, und Du machtest mir ein Geheimnis daraus, bis ich es endlich erfuhr und aus dem Haus lief, Deiner Falschheit wegen. Die zweite war eine schöne, kokette Frau aus meiner früheren Bekanntschaft, sie war sehr zärtlich gegen Dich, Du fuhrst die ganze Nacht mit ihr spazieren, und am Morgen frühstücktet Ihr in einem schönen Garten, wo mir ein kleines Mädchen Euren Aufenthalt verriet und mich heimlich hinführte. Ich sah Euch sitzen, Du schienst kalt und zerstreut, doch wußte ich nicht, was Du dachtest, welches mich sehr ärgerte, da ich doch bei diesem Spiel, Spieler und Zuschauer zugleich war. Genug von Träumen! Ich gehe sehr oft spazieren, und die Gegend gefällt mir jetzt besser als jemals. Alles sieht so ehrlich aus; die Berge haben ihren täuschenden grünen Schmuck abgelegt und zeigen ihre wahren Gesichter, alle Felsen heben frei ihre braunen Häupter empor, und nur der gediegne Efeu saugt seine geheimnisvolle Milch aus ihren steinernen Brüsten. Zwischendurch laufen die frischen, kindischen Wässerchen und breiten, so weit sie nur mit ihren Ärmchen reichen können, einen wundergrünen, jungen Teppich aus. (...)

Dein Brief hat diese Nacht in mir geruhet

Caroline Michaelis
an Friedrich Wilhelm Schelling

Braunschweig, Mittwoch abend, März 1801

Wenn ich nur zu Dir kommen könnte diesen Abend und liebreich mit Dir schwatzen. Die Sonne und der blaue Himmel lockten mich heute unwiderstehlich an und mahnten mich an meinen Freund; ich wünschte zuletzt nur, es möchte recht schlecht Wetter sein und bleiben bis zum wahren Frühling, dann ist doch alles rund herum zu und man weiß, daß man nicht hinaus kann. Ich bin vor dem Tore gewesen in einem protestantischen Jungfrauenkloster, wo Jerusalems Tochter Domina ist. Es ist da noch einige Freundlichkeit der Aussicht und vor allen Fenstern herrliche Pflanzungen, Reseda, Heliotropicum und was es liebes in der Art gibt, dessen Gemüt in Duft besteht. – Süßer Freund, Dein Brief hat diese Nacht in mir geruhet; ich bekam ihn gestern sehr spät; halb mit Schmerz habe ich alle seine Liebe in mich gesogen. Wenn Du es nun sehr gewaltsam nimmst, was ich Dir gestern geschickt habe – ach wie wirst Du mich noch bekümmern. Es ist doch gar nicht gewaltsam – im Anfang war ich erschüttert, aber alles hatte sich gelegt, und die Seele meiner Entschließung wurde von dem Anfang ganz unabhängig. Im Grunde haben wir uns oft gedacht, daß es so mit uns werden sollte, Du hast es mir auch geschrieben. Glaube nur, ich werde nie etwas eingehen, wo ich nicht ganz Deine Freundin bleiben kann …

Mein lieber Joseph, ob ich mich freuen werde, Dich wiederzusehn? Ja, wahrlich mehr wie ich Dir sagen kann, eilt meine Freude schon der Zeit voraus, die uns noch trennt, und ich überlasse mich ihr jetzt ohne Furcht, ich bin so sicher in mir selber geworden, weil ich weiß, was ich will.

Ich küsse Dich für alles

Meta Moller
an Friedrich Gottlieb Klopstock

Hamburg, 8. August 1752

Komm, Klopstock, komm, daß ich Dich umarme, daß ich Dich recht heiß küsse und Dich dann nicht wieder von meinen Lippen u. aus meinen Armen lasse. Ach komm, komm, nun ja bald – o was habe ich verdrießliche, langweilige, ekelhafte Tage gehabt! Nicht, daß man mir etwas zuwider getan hat, nein, das nicht; aber man tat mir auch nichts zugut, man sprach nicht von Dir. (...) Ich bin auch so still gewesen, daß, obgleich viel Gesellschaft u. noch dazu einige fremde junge Herren da waren, die gern mit mir sprechen wollten, ich doch nichts als Antworten gesprochen habe. Denn ich hatte ja Dich nicht, ich konnte nicht von Dir sprechen; sollte ich mir denn das einzige, was mir noch blieb, an Dich zu denken, sollte ich mir das auch nehmen? (...)

Es war eine meiner süßesten Vorstellungen in Stellingen, daß ich, wenn ich zu Hause käme, einen Brief von Dir finden würde, und ich fand zweene, und einen für die Schleebusch, der mir fast ebenso lieb war als der an mich. Du Süßer, Süßer! Höre, ich will Dich, wenn Du wiederkommst, für jeden Buchstab küssen, den Du an mich geschrieben hast. Aber nein, alles, alles was Du geschrieben hast, verdient ja wohl, daß ich Dich küsse. Es bleibt also dabei, ich küsse Dich für alles, für Deine *Oden* küsse ich Dir die Hand, für den *Messias* die Füße. Ich küsse Dich auch für alles, was Du an Fanny geschrieben hast. (...)

Man muß seinen Mann zärtlich lieben, sage ich itzt. Das ist ebensoviel, als das oben. (...) Höre einmal, Du Affe, was willst Du denn, daß ich Dir umständlich schreiben soll? Du Erzaffe!

Könnt ich doch an Deinen Hals fliegen

KAROLINE RICHTER
an Jean Paul Friedrich Richter

ohne Datum (1802)

Du göttlichstes Einziges Herz!
Könnt ich doch an Deinen Hals fliegen und Dir danken, daß Du an mich gedacht hast, ich stand gerade auf dem Flur, das kleine Spinde mit Gaze zu beschlagen, als ich Deinen Brief bekam – Du Liebster wie gern hätt ich mit meinen Augen die Wolke durchstechen mögen, um Dir einige Sonnenstrahlen zu verschaffen. Eine so unschuldige Reise – eine so lang aufgeschobene Freude, ein so genügsames Herz, das nichts weiter will, als sich in der Natur entzücken – es ist unverzeihlich vom Himmel, wie freudig wollte ich die alte Mischung von Regen und Sonnenschein wieder zurückrufen – die wenigstens eine fliegende Beleuchtung auf Deine Gegenden geworfen hätte. Als Du gestern in Deinem Wagen festsaßt, war's meinem kindischen Herzen, als säße da der fremde Jean Paul, der nicht mir gehörte. Wie wenn ich Dich in Berlin hätte abreisen sehen – und es war so leer oben hinauf – ich

so verlassen. Ein paar schwere Tränentropfen, solche heiße bange mußt ich weinen, aber ich ertränkte meine Beklommenheit – ich ging in Dein Zimmer, räumte auf – ließ es reinmachen. Dein Schnupftuch nahm ich in meins hinüber, es hatte noch einige Wärme von Dir; aber ich hatte nichts zu sorgen – mir war auch nicht wohl – ich sehnte mich nach etwas Zerstreuendem von außen her, das ich mir nicht selbst gäbe, sagt, hätt ich arbeiten – schreiben können. Da holt ich mir den ungebundenen ersten Teil des Titans, und habe ihn fast ganz durchgelesen – wie ich da oft zu Deinen Füßen hätte sinken mögen, Du Herrlichster, kannst Du Dir denken. Ich finde in Deiner Abwesenheit erleuchtet mir ein unnennbares Etwas – die Spiele Deiner Fantasie, Deine Bilder, Deine Malereien – oder ist's nur weil meine Seele ganz ganz offen, ganz gierig ist nach Deinem Allerheiligsten? und ich durch die Einsamkeit freier von anderen Störungen meiner Aufmerksamkeit bin? ...

Das Glück der Sehnsucht

Und hast mich geliebt, das weiß ich

BETTINA VON ARNIM
an Johann Wolfgang von Goethe

Wartburg, den 1. August, in der Nacht

Freund, ich bin allein; alles schläft, und mich hält's wach daß es kaum ist, wie ich noch mit Dir zusammen war. Vielleicht, Goethe, war dies das höchste Ereignis meines Lebens; vielleicht war es der reichste, der seligste Augenblick; schönere Tage sollen mir nicht kommen, ich würde sie abweisen.

Es war freilich ein letzter Kuß, mit dem ich scheiden mußte, da ich glaubte, ich müsse ewig an Deinen Lippen hängen, und wie ich so dahinfuhr durch die Gänge unter den Bäumen, unter denen wir zusammen gegangen waren, da glaubte ich, an jedem Stamme müsse ich mich festhalten, – aber sie verschwanden, die grünen, wohlbekannten Räume, sie wichen in die Ferne, die geliebten Auen, und Deine Wohnung war längst hinabgesunken, und die blaue Ferne schien allein mir meines Lebens Rätsel zu bewachen; – doch die mußt' auch noch scheiden, und nun hatt' ich nichts mehr als mein heiß' Verlangen, und meine Tränen flossen diesem

Scheiden; ach, da besann ich mich auf alles, wie Du mit mir gewandelt bist in nächtlichen Stunden und hast mir gelächelt, daß ich Dir die Wolkengebilde auslegte, und meine Liebe, meine schönen Träume, und hast mit mir gelauscht dem Geflüster der Blätter im Nachtwind, der Stille der fernen, weitverbreiteten Nacht. – Und hast mich geliebt, das weiß ich; wie Du mich an der Hand führtest durch die Straßen, da hab ich's an Deinem Atem empfunden, am Ton Deiner Stimme, an etwas, wie soll ich's Dir bezeichnen, das mich umwehte, daß Du mich aufnahmst in ein inneres geheimes Leben, und hattest Dich in diesem Augenblick mir allein zugewendet und begehrtest nichts als mit mir zu sein; und dies alles, wer wird mir's rauben? – was ist mir verloren? – Mein Freund, ich habe alles, was ich je genossen. Und wo ich auch hingehe – mein Glück ist meine Heimat.

Wie die Regentropfen rasseln an den kleinen runden Fensterscheiben, und wie der Wind furchtbar tobt! Ich habe schon im Bett gelegen und hatte mich nach der Seite gewendet und wollte einschlafen in Dir, im Denken an Dich.

Ich sehne Sie immer herbei

MANON BALLETTI
an Giacomo Casanova

(Paris, 1. September 1757)
Donnerstag um Mitternacht

Ich bin in der größten Unruhe, mein lieber Casanova, nichts mehr von Ihnen zu hören; was ist aus Ihnen geworden? Wo sind Sie? Haben Sie uns vergessen? Lieben Sie Ihre arme kleine B... nicht mehr? Oh, Gott, wie beunruhigt ich bin! Ich hatte Sie in meinem letzten Brief gebeten, mir sobald als möglich zu schreiben, warum haben Sie es nicht getan? Haben Sie meinen Brief nicht erhalten? Oh, mein lieber Freund, hellen Sie diese Zweifel auf, oder ich sterbe. Ich hoffe, daß Sie diesen Brief empfangen werden. Ich schicke ihn Ihnen nach Dünkirchen, wo Sie, wie Sie mir sagten, sein sollen, und ich werde Ihnen mitteilen, daß ich das Mittel gefunden habe, Ihre Nachrichten direkt zu erhalten. Mein lieber Casanova, Sie müssen Ihre Briefe in einem Kuvert an die Obert richten; Sie können sich auf Sie verlassen, da auch ich ihrer sicher bin. Wenn Sie mich lieben, so geben sie mir so schnell als möglich Nachrichten von Ihnen; sie werden mir das Leben zurückgeben, und ich brauche sie wie einen

Bissen Brot. Sie werden es mir sagen, ob Sie meine beiden Briefe erhalten haben, und wann Sie von dem Ort abreisen werden, wo Sie sind, weil ich, da mein armer jüngster Bruder abreisen wird, Ihnen nur schreiben werde, wenn Sie an einem Ort sein werden, wo Sie es gern sehen, daß man es weiß. Sie werden mir auch sagen, mein lieber Casanova, ob Sie mich immer lieben, ob Sie an mich auch so oft denken, wie ich an Sie denke. Ach, ich glaube, daß das gar nicht möglich ist; denn Sie verlassen nicht einen Augenblick mein Gedächtnis, ich sehne Sie immer herbei und sehe nur die Stunde, wo ich Sie wieder erblicken und Ihnen versichern kann, daß ich immer dieselbe bin und für Sie sein werde. Wie lang mir die Zeit erscheint! Wie mir die Abende langweilig und widerlich vorkommen! Welcher Unterschied zwischen jenen, die ich mit Ihnen verbrachte, oh, mein lieber Casanova, die schienen mir immer zu kurz, und die jetzigen dünken mich eine Ewigkeit. Wann werden Sie zurückkommen? Beschleunigen Sie diesen Augenblick, wenn Sie für mich noch immer diese Zärtlichkeit hegen, die Sie mir geschworen haben, und die mein Glück bilden wird, wenn Sie mir sie bewahren. Ich werde Ihrer Antwort entgegenschmachten, die ich sobald als möglich erbitte. Ich bitte Sie noch, Ihre Schrift ein wenig zu verstellen, wenn Sie die Adresse an die Obert richten, da es niemand im Hause gibt, der nicht Ihre Schrift kennt, und wenn man eine Adresse von Ihnen an unser Kammermädchen sehen würde, so würde das Verdachtsgründe schaffen, was man vermeiden muß …

Die Liebe ist im andern Land

BETTINA BRENTANO
an Achim von Arnim

Anfang Juli 1809

Wer sagt, die Liebe sei traurig und furchtbar, der irrt! Sie ist auf dem großen Meer ein großes Segel, um alle Winde der guten Gelegenheit zu benutzen.

November 1809

Wie ist es denn mit der Italienerin? Du sagst, nur einen Abend könne es dich durchbeben. (...) Ich werde auch meinen Schutzengel noch zu deiner Wache bestellen; denn wenn du behütet bist, so bin ich geborgen.

8. Dezember 1809

Grade wie ein Wind sich erhebt (...) und alle die Blätter bewegt, die vorher in friedlicher Mittagssonne ruhten, so kam mir die Stimmung, ein Gefühl, man weiß nicht wie, der Liebe, des Wohlseins, was über die Grenzen des Lebens schreitet mit einem leisen, aber mächtigen Riesenschritt. Ja, die Lieb ist im andern Land, und man ist im Himmel, wenn man liebt. (...) Aber Du! Wenn man eine kalte Nase hat, so haucht man in beide Hände und wärmt sie und dann küßt man die Bettine ...

Was Dir einmal wert war, laß es Dir immer wert bleiben, wenn Du freudige, freundliche Erinnerungen hast, laß Dir die Zeit nichts dran verderben (...) Ja, Arnim, vergiß mich nie bei irgendetwas, was Dich betrifft; ich sage Dir, bedenke sorgfältig, daß ich und Du Freunde sind und daß es meinen ganzen Lebenszweck enthält, alles zu erfüllen, was die Freundschaft begehrt. Ich will alle Tage an diesen Vorsatz denken ...

Mein volles, volles Herz erleichterte sich durch Tränen

KAROLINE VON DACHERÖDEN
an Wilhelm von Humboldt

Burgörner, 24. August 1788

Als Du fort warst, mein Wilhelm, war eine fürchterliche Leere in meinem Herzen und eine Angst, ein Gefühl der Verlassenheit, des Alleinseins, so daß es mich forttrieb aus der Gesellschaft, in der ich war, denn ich fühlte, daß ich der Einsamkeit bedurfte und daß ich mich verraten würde, wenn ich bliebe. Ich ging gedankenlos in den Garten und kam so unvermerkt in den schattigen Pappelgang – da besann ich mich, daß ich bei Deinem Kommen den Postillon hatte blasen hören und daß ich Dich würde sehen können. Ich blieb an einen Baum gelehnt stehen, und mein volles, volles Herz erleichterte sich durch Tränen; so stand ich versunken in Erinnerungen und mannigfaltigen Gefühlen, bis mich das Blasen des Postillons aus dem wachen Traum ermunterte; wenige Augenblicke darauf sah ich Dich, o mein Wilhelm, Du rittest so schnell, so schnell – hättest Du wissen sollen, daß ich Dir nachsah, bis ich auch nicht das mindeste mehr entdecken konnte – doch es war recht gut, daß Du es nicht wußtest, es hätte Dich nur traurig gemacht. (…)

Lieber Bester! daß man so lieben kann, wie wir uns lieben, das ist doch des Himmels bestes Geschenk, ist aller Tränen des Schmerzes, aller Leiden wert. Nur in solcher Liebe fühlt man sich lebendig in allen Kräften seiner Seele, erhoben über die Schläge des Schicksals und näher dem Urquell ewiger Liebe! (…)

Ich trat einen Augenblick ans Fenster, so lieblich ging der Mond hinter dem Berge auf, meine Blicke hefteten sich gern auf ihn, auch sah ich den *Wagen*, ich sagte mir, wie Du vielleicht mit sehnendem Blick an beiden hingest; o mein Lieber, hätten sie Dir zuwinken können, wie ich so ganz Deiner dachte.

Ach ich möchte, daß es morgen abend wäre, damit ich Dich wieder in Göttingen denken könnte – ich fürchte doch immer, das scharfe Reiten taugt nicht für Deine Gesundheit. (…)

Es müssen lauter Worte sein, die aus Ihrem Herzen kommen

EVA KÖNIG
an Gotthold Ephraim Lessing

Hamburg, am Montag den 28. oder 29. Okt. 1771

Bester, liebster Freund!
Ich bin Ihretwegen in der größten Unruhe. Warum haben Sie doch unsern Bitten nicht Gehör gegeben, und sind wenigstens nur bis Mittwoch noch hier geblieben? So hätten Sie vermutlich den abscheulichen Sturm, in dem Sie vorige Nacht die Elbe passieren mußten, nicht auszuhalten gehabt. Ich mache mir tausend Vorwürfe, daß ich mit Ursache bin, daß Sie diese Route genommen. Keine Vorstellung kann mir eine ruhige Viertelstunde Schlaf verschaffen. Ich hoffe aber, alle meine Sorgen sollen vergebens sein, und Sie werden morgen Abend glücklich und vergnügt in dem lieben Braunschweig eintreffen. Dann so könnte ich den Donnerstag schon einen Brief von Ihnen haben, wenn Sie mir gleich geschrieben hätten. Dies haben Sie doch wohl gewiß getan? O ja, Sie haben es getan. Sie wissen ja, daß meine ganze Ruhe davon abhängt. – Nicht wahr? Sie sind überzeugt, ob Sie

gleich zuweilen daran zu zweifeln scheinen, daß ich Sie über alles liebe, über alles hochschätze, und kein Glück mehr für mich in der Welt ist, wenn ich es nicht mit Ihnen teilen soll. Möchten doch alle die Hindernisse, die uns trennen, gehoben werden können, wie wollte ich der Vorsehung mit freudigem Herzen danken! ...

Die zwei ersten Seiten dieses Briefes hatte ich gestern geschrieben. Eben da ich zu Bette gehen wollte, fiel mir ein, daß morgen früh die Post abgeht. Ich schließe diesen Brief also in der Nacht um zwölf Uhr, wo ich Sie mir ermüdet von der Reise, im tiefsten Schlaf gedenke, und Ihnen von ganzem Herzen die angenehmste Ruhe wünsche; mir aber die baldige Versicherung, daß Sie sich, von den Fatiguen der Reise erhohlet, recht gesund und vergnügt befinden. Sie können dem noch wohl was hinzufügen, was mir eben nicht zuwider sein wird. Aber! aber! es müssen lauter Worte sein, die aus Ihrem Herzen kommen, so wie es diejenigen sind, mit welchen ich Ihnen sage, daß ich bin, bester, liebster Freund!

Dero aufrichtigste Freundin
E. C. König

Alle meine Girlanden hängen zerrissen von meinem Herzen herab

ELSE LASKER-SCHÜLER
an Franz Marc

(um 1914)

Mein lieber, lieber, lieber, lieber blauer Reiter Franz Marc! Du willst wissen, wie ich alles zu Hause angetroffen habe? Durch die Fensterluke kann ich mir aus der Nacht ein schwarz Schäfchen greifen, das der Mond behütet; ich wäre dann nicht mehr so allein, hätte etwas zum Spielen. Meine Spelunke ist eigentlich ein kleiner Korridor, eine Allee ohne Bäume. Ungefähr fünfzig Vögel besitz' ich, zwar wohnen tun sie draußen, aber morgens sitzen sie alle vor meinem Fenster und warten auf mein täglich Brot. Sag mir mal einer was auf die Vögel, es sind die höchsten Menschen, sie leben zwischen Luft und Gott, wir leben zwischen Erde und Grab. Meine Spelunke ist ein langer, banger Sarg, ich habe jeden Abend ein Grauen, mich in den langen, bangen Sarg niederzulegen. Ich nehme schon seit Wochen Opium, dann werden Ratten

Rosen und morgens fliegen die bunten Sonnenfleckchen wie Engelchen in meine Spelunke und tanzen über den Boden, über mein Sterbehemd herüber und färben es bunt; o ich bin lebensmüde. Feige und armselig sind die Kameraden, kein Fest, keine Schellen. Alle meine Girlanden hängen zerrissen von meinem Herzen herab. Ich bin allein auf der Welt lebendig (...) und ich werde täglich allein begraben, und ich weine und lache dazu – denn meine Traurigkeit ist weißer Burgunder, mein Frohsinn roter Süßwein. Wenn man die Augen zumacht, weiß man nicht, ob man froh oder traurig ist, da irrt sich der beste Weinkenner. (...)

Mein Herz sehnt sich nach diesem Abend

Charlotte von Lengefeld
an Friedrich Schiller

Juli 1790

Mein Herz sehnt sich nach diesem Abend. Nur ein Laut von Dir, mein Liebster, und es wird mir wohl!

Was machst Du bei der entsetzlichen Hitze? Mir ist so warm; ich bin so kraftlos; aber Kräfte des Geistes bedarf man hier nicht, und ich bin so stille und lasse mich gehen und lasse die andern reden. Welch ein anderes schönes Leben ist es mit Dir, Du Liebster! O daß Du immer fühlen könntest, wie viel Du mir gibst! Ich kann dies so wenig sagen, denn meine Gefühle sind so still; ich denke oft, wie viel ich Dir zu sagen hätte, Dich zu fragen, und ich sage doch so wenig, aber ich lebte immer so einsam; was ich dachte, teilte ich nur mit aus Furchtsamkeit, und daher wird es mir oft schwer, über die Dinge zu sprechen; es wird sich aber geben, der längere Umgang mit Dir wird mir mehr Selbstvertrauen geben.

Alles schläft schon um mich her, aber ich kann nicht eher ruhen, bis ich Dir, teurer Liebster, einen guten Abend gesagt habe, jetzt schläfst Du wohl; ach mir ist's immer, als müßte ich Dich aufsuchen, als hörte ich den Laut Deiner Stimme. Ohne Dich ist das Leben mir nur ein Traum; ich bin nie da, wo ich scheinbar bin, sondern meine Seele, meine besten, wärmsten Gefühle sind nach Dir hin gerichtet. Wie lebst Du? Um unserer Liebe willen strenge Dich nicht zu sehr an, mein einziger Lieber, arbeite nicht zu viel; es kann mir so Angst werden, daß Du Dir doch wirklich schaden könntest.

Und ich werde in Tränen ausbrechen

ROSA LUXEMBURG
an Leo Jogisches

Paris, 5. April 1894

Ich möchte zu Dir, ich kann nicht weiter. (...) Dziodziu, wann ist endlich Schluß damit – ich beginne die Geduld zu verlieren, nicht um die Arbeit geht es mir, nur um Dich! Warum bist Du nicht zu mir hergekommen! Damit ich Dich hier bei mir habe – dann würde mir gar keine Arbeit Sorgen machen. Heute bei den Adolfs habe ich mitten in den Besprechungen und Vorbereitungen für die Proklamation plötzlich so eine Müdigkeit in mir gespürt und solche Sehnsucht nach Dir, daß ich fast aufgeschrien hätte. Ich habe Angst, daß mich mit einem Male der alte Teufel packt (der von damals in Genf und in Bern) und mich plötzlich – zur Gare de l'Est führt ...

Um mich zu trösten, stelle ich mir vor, wie die Lokomotive pfeift ... und ... ich zu Dir fahre. Ach Gott, mir scheint, daß mich von diesem Augenblick mehr als die ganze Gebirgskette der Alpen trennt. Dziodziu, und wie ich in Zürich einfahren werde und wie Du auf mich warten wirst und wie ich schon aus dem Wagen herauskrieche und zum Bahnhofseingang laufe und Du wirst im Gedränge stehen und Du wirst mir nicht entgegenlaufen dürfen, sondern ich werde zu Dir gelaufen kommen!

Aber wir werden uns nicht gleich küssen, nein, nichts, das verdirbt es nur, das sagt ganz und gar nichts. Wir werden nur schnell nach Hause gehen und uns so ansehen und uns anlächeln. Und zu Hause – da setzen wir uns auf das Sofa und umarmen uns und ich werde in Tränen ausbrechen – so wie jetzt.

Hier sitzt Champagner in der Luft

Paula Modersohn-Becker
an Otto Modersohn

Paris, den 10. Februar 1903

Nun sitze ich im kleinen Grand Hotel de la Haute Loire, wo ich vor drei Jahren abstieg, im selben Kämmerlein 53, nur daß in Nummer 54, wo ich jetzt zwei fremde deutsche Malerinnen höre, damals Clara Westhoff das rote Himmelbett einnahm. Ich fange an, Paris zu genießen, obgleich ich noch sehr befangen bin und mich vor den Menschen ein wenig fürchte. Als ich in die Cremerie ging, um ein Abendbrot zu essen, kam einer von den bekannten spanischen Lausbuben mir grade entgegen. Und als ich hereintrat, passierten mich zwei Franzosen und sagten: »Aha, aha, elle est retournée.« Mir war aber unter dem bunten Völklein in meiner Pelzjacke gar nicht wohl zumute.

Gute Nacht, mein König Rotbart. Denke mal, ich glaube, ich werde Dir noch in ein paar Wochen schreiben müssen, daß Du herkommst, denn hier sitzt Champagner in der Luft, ganz abgesehen von der Kunst auf Schritt und Tritt.

Ich habe dasselbe Gefühl wie das erstemal, wo ich auch so gern in ein Mauseloch kriechen wollte, weil alle Menschen mich so lachend anguckten, und ich an den vielen weichen Stimmen um mich höre und fühle, daß ich nicht ihres Schlages bin.

Ich möchte sehr gern einen Brief von Dir haben, mein lieber Rotbart. Du weißt doch, ich bin auch hier, um mir Worpswede durch die kritische Brille zu besehen. Bis jetzt kann es noch bestehen. (...)

Dein kleines Weib in der großen Stadt Paris

Paris, den 18. Februar 1903

Merkwürdig ist es, daß jetzt das Sprachrohr zwischen uns beiden so endlos lang ist. Merkwürdig ist es überhaupt, daß ich nun an Deinem Geburtstage nicht bei Dir sein werde.

Und trotz alledem bin ich vielleicht mehr denn je bei Dir und in Dir. Du bist mein lieber Schatten, in dem ich mich kühle, und das kühle Wasser, in dem ich meine kleine wunde Seele bade, von der ich das Gefühl habe, daß sie so aussieht wie mein Akt. Du bist mein lieber, großer, stiller Wald, in dem es leise rauscht und flüstert. Und wenn ich auch ein wenig hinausgelaufen bin auf die Wiese, so komme ich bald wieder und setze mich still bei Dir nieder.

Du bist mein lieber Geselle und ich gedenke in herzinniger Liebe Dein und küsse Dir die lieben Hände und die milde Stirn, aus denen kommen

Deine Bilder. Die sehen für mich aus wie Deine Bilder, und der rote Bart gehört auch dazu.

Weißt Du, ich denke hier oft an Deine Bilder. Sie müssen noch viel, viel merkwürdiger werden. Da muß ein Hauch und ein Ahnen in ihnen sein, wie in der Natur, wie sie uns in Augenblicken erscheint, wenn unser Auge ungetrübt und klar in das seltsame Wesen der Dinge schaut. Ein Ausdruck von Dir ist: man hat so ein Gefühl, da geht es um. Wenn Du nun ein Bild malst, ist es das erste, daß Du dies Gefühl in seiner ganzen Stärke zum Ausdruck bringst. Du mußt alle Mittel dazu am Schnürchen haben: die Technik, die Farbe, die große Form. Aber während Du über die Mittel nachdenkst, laß keinen Augenblick den Zweck außer Auge, Deine Kompositionen als Bilder entstehen zu lassen. (...)

Nun laß Dich küssen, mein lieber Neununddreißiger. Mit dem Jahre Vierzig soll die große Kunst beginnen. Darauf trinke ich am Sonntag dreimal meinen Milch-Kakao. (...)

Nimm alles in Deine lieben Hände

PAULA MODERSOHN-BECKER
an Otto Modersohn

Paris, den 3. März 1903

Heute morgen erwachte ich in meinem Mahagonibett wie eine Braut, denn gestern abend beim Schlafengehen, als ich schon die Lampe gelöscht hatte, wurde mir noch Dein Brief hereingereicht.

Lieber, das war eine Seligkeit. Ich las alle Deine Worte ganz langsam, ein jedes für sich, und ließ sie sanft und lieblich über mich hinströmen und sonnte mich in ihnen und lachte über sie und freute mich in Dir.

Ja, mein König, Dir gehört mein All, Dir weihe ich es. Nimm alles in Deine lieben Hände. Und wenn der Frühling über unsern schönen Berg zieht, dann wollen wir uns in Liebe vereinen.

Lieber, mir war es wie Dir. Auch ich wollte nicht soviel von unserer Liebe schreiben, um uns die Trennung nicht so schwer zu machen. Nun ist es aber doch wunderschön, daß wir uns einmal zwischendurch alles Liebe gesagt haben, dann geht hinterher das Schweigen davon wieder viel leichter.

Weißt Du, ich spreche so oft von Dir, als ich nur kann. Mit Rilkes läßt sich das gar nicht so gut machen, die hören nur halb zu, die sind zu sehr mit sich selbst beschäftigt. Da erzähle ich nun meinem Garcon, der aus der Bretagne ist, viel von Dir und was Du für schöne Bilder maltest. Neulich wollte ich ihm besonders imponieren und zeigte ihm Dein Bild in der Monographie. Da fand er Dich aber gar nicht schön. Da wurde ich ärgerlich und sagte: Du hättest einen roten Bart und das andere Gesicht sähe so fein dazu aus. Und für mich selbst dachte ich in Stille und Innigkeit an Deine lieben Hände und an Deine Seele. Davon sprach ich ihm aber nicht, denn ich merkte doch, daß ich an die falsche Adresse gekommen war und hatte ein etwas verächtliches Gefühl gegen ihn.

Und wie ist es mit Deiner Reise? Ich will Dich in keiner Weise bestimmen, aber diese farbigen Zeichnungen Rodins wären, glaube ich, auch für Dich ein großes Erlebnis. Zu sehen, wie weit man gehen kann, ohne sich um das Publikum zu kümmern. Weißt Du, es ist ein ähnlicher Mut, wie ihn Rembrandt seinerzeit in seinen Radierungen ausgesprochen hat.

Und dann vor allen Dingen ja nicht zu früh wieder wegreisen

Meta Moller
an Friedrich Gottlieb Klopstock

den 7. April 1752

Wie viele Briefe werde ich Ihnen noch schreiben, ehe ich Sie sehe, mein süßer Freund? Ach, wenn der liebe Mai doch nur erst da wäre! Aber kommen Sie mir auch nicht eher, als bis die Wege recht gut sind und das Wetter besser ist, auf daß Sie mir meinen Klopstock ganz gesund und wohl liefern. Und dann wollen wir uns recht, recht vergnügen. Aber Sie müssen auch ja so sein, als ich Sie haben will. Versprechen Sie mir das? Und dann vor allen Dingen ja nicht zu früh wieder wegreisen. Sie sollen nur sehen, wie schön es hier im Frühling ist. Aber was diesen Frühling für uns das beste ist, das empfinden Sie nicht so sehr als wir. Und was wird denn dieses Jahr uns hier den Frühling schön machen? – Ach, Klopstock, ich bin Ihnen doch recht von Herzen gut. Diese Nacht träumte mir, daß Sie hier waren. Das war schön! Ich bin so vergnügt, Klopstock, wenn ich an Ihr Kommen denke. Der Himmel belohne Sie dafür, daß Sie uns einige Stunden so erheitern. Und wenn Sie nun kommen, so will ich zusehen, ob ich meinen alten Gram, wenigstens auf die Zeit, ersticken kann. Tun Sie das auch, Klopstock. – Aber ich will daran nicht denken. Ich will so viel mir möglich ist, mich mit den Gedanken, den süßen Gedanken beschäftigen, daß ich meinen so lieben Freund nun bald sehen werde…

Ich weiss sie alle noch, die lieben Worte

LUISE NAST
an Friedrich Hölderlin

Maulbronn, um Weihnachten 1788

O lieber Fritz! Da sitz' ich nun und habe fast alle Deine Briefe vor mir, das ist mein einziges Vergnügen, und da ist mir's so über alles wohl, bin so glücklich, wann ich allein sein kann, es ist schon wirklich 12 Uhr, und doch konnte ich mich nicht satt lesen, o es ist meine liebste Lektüre. Hast recht, er machte mir viele Sorge, Dein lieber Brief, ganze Nächte konnte ich nicht schlafen, und doch ist er mir so lieb, daß ich um aller Welt Schätze ihn nicht gäbe; o Dich haben, welche Seligkeit, und Fritz, noch so lange bis Ostern, noch so lange Dich nicht sehen, so lange von dem getrennt sein, der mein alles ist. Doch der Gedanke, daß Du mein bist, mein bliebst, nicht wahr, lieber Fritz? Auch jahrelang Trennung macht Dich nicht kälter gegen mich, o nein, Du bleibst der 1. Fritz, der Du warst bei Deinem letzten Besuch, ich weiß sie alle noch, die lieben Worte, tief sind sie in meinem Herzen, auch Du wirst sie noch zurückrufen können, diese seligen Freuden, auch ich bin manchmal so glücklich, mir sie vorträumen zu können, o und letzthin einen herrlichen Traum, den ich um alles nicht gäbe, Du standst oben, wo man ins Kloster geht, wirst es wohl noch wissen, ach vergangene Zeiten, wo ich Dich so oft sah, strecktest Deine Arme sehnend nach mir aus, Gott im Himmel, welcher Anblick, Deine schwarze Kutte, alles wieder wie vorher, ach, und es war ein Traum, sie sind entflohen, die glücklichen Zeiten, stummer Schmerz tritt an ihre Stelle, und warum dies alles, diese Klagen? mein Fritz ist ja noch mein, er ist mir noch so treu wie hier, o er ist noch mein, auch mich soll nichts von Dir trennen, kein Unglück, kein Schicksal, nur Dich und eine Hütte, so schlecht sie ist – sie ist mein Königreich, o mit Dir sind auch dornige Wege mit Rosen bestreut (...) lieber Fritz, schreib nur recht viel, ich freue mich schon wieder auf nächsten Botentag, o es waren lange Feiertage, keinen Brief konnte ich nicht von meinem Fritz bekommen, leb' wohl, schlaf wohl, es ist schon recht spät, ewig

Deine Luise

Ach, könnte ich mich selbst in dieses Kuvert legen

JOHANNA VON PUTTKAMER
an Otto von Bismarck

Stolp, Donnerstag früh (März 1847)

Ach, Du einziges, teures Herz, hast Du mich denn wirklich so sehr lieb und mußt Dich so ängstigen um die alten Fieber – die mich doch gar nicht anfechten? – Otto, es tut mir schrecklich leid, daß Du in solcher Unruhe bist und mich *Jeanne la méchante – tigresse* usw. nennst, ich bin doch ganz unschuldig, habe Dir solchen langen Brief geschrieben, wie noch nie, und ihn Freitag früh nach Zuckers gesandt. (...) Ach, könnte ich mich selbst in dieses Kuvert legen – und Dir dann entgegenfliegen, Otto, um Dich zu streicheln, zu beruhigen und lieb zu haben – ach, wie sehr! (...)

Geliebter, einziger Otto, wie gern hätte ich Dir die trübe Stunde erspart, die Du meinetwegen gehabt, wie böse bin ich auf die Post, und mich, daß ich Dir von den Krankheiten schrieb! Dein Brief erfreute mich aber doch so unbeschreiblich, daß ich gestern lange nicht einschlafen konnte mit allen vielen Gedanken an Dich! – Mein ruhiger, vernünftiger Freund, der mich sonst immer so hübsch ermahnte und jeglichen Trübsinn verscheuchen wollte – ich bin's gar nicht gewohnt an Dir, liebe Dich aber – wenn's möglich ist – noch mehr, Otto, wenigstens danke ich Gott noch einmal so sehr für Deine Liebe und für Dein ganzes Herz – dem das meine so innig warm entgegenschlägt.

Deine Schlußlieder, Otto, wie danke ich Dir dafür, aber es ist recht, daß Du hinzusetztest: Seid fröhlich in Hoffnung, haltet an im Gebet. Das ist das Beste, und wir wollen nicht nachlassen. – Annchen bestreut mich mit Blumen und bittet, ich soll einige in diesen Brief legen mit ergebenen Empfehlungen von ihr. – Leb wohl, Du teuerstes Herz! – Schilt nicht mehr *Jeanne la méchante*, – ich bin und bleibe ja doch nur Deine

Dich unaussprechlich liebende Waldrose

Die Wehmut, in die ich zerschmolz

Karoline Richter
an Jean Paul Friedrich Richter

Montags, 10. Juni 1811

Mein geliebter Mensch!
Du wirst Dir die Freude vorstellen können, die ich bei dem Durchlesen Deines Briefes empfand – die Wehmut in die ich zerschmolz, als Du so freundlich so süß so liebend anredetest – Nie habe ich mich mehr gesehnt an Deiner gesegneten Brust zu ruhen als in dem Augenblick – wie ist es doch möglich, daß wir jemals harte Worte miteinander wechseln konnten, bei so viel Liebe! Guter himmlischer Mensch, ich fühle, daß ich nur mit Dir ein Ganzes ausmache, und daß Deine Stärke dazu gehört, um mich im Gewirr des Lebens aufrecht zu halten, von dem ich seit Deiner Abwesenheit so viel empfunden habe, daß ich jeden Augenblick segne wo ich ein wenig ruhen und mich einsam niedersetzen kann.

Lange hab ich auf Deinen Brief gewartet, zuletzt täglich auf die Post geschickt – er ist vom Donnerstag und ich erhielt ihn erst am Sonntag – ich geriet in Angst endlich glaubte ich am Sonnabend bestimmt, Du würdest zurückkehren und die Ordnung in Deiner Stube wurde im Ganzen eiligst hergestellt, so daß Du um 7 Uhr durch Weniges gestört worden wärest. Nun wußte ich nicht, was ich denken sollte. Gott sei gelobt, daß ich den Tag darauf erlöst wurde. Daß Du nicht ein Wort vom Tage Deiner Wiederkunft sagst, ist mir unbegreiflich; ich bitte Dich bei der Güte Deines Herzens, daß Du es mir ankündigst, damit ich meinem süßen Menschen gleich mit allen Bequemlichkeiten entgegenkommen kann, die ihm sein Haus wieder zum Liebsten machen können. Die 14 Tage werden bald abgelaufen sein und Du wirst doch nicht länger ausbleiben? (...)

Kennst Du diese Sehnsucht der Seele

George Sand
an Pietro Pagello

Sommer 1834

Soll ich Deine Gefährtin sein oder Deine Sklavin? Begehrst Du mich oder liebst Du mich? Wenn Deine Triebe befriedigt sind, wirst Du mir danken? Wenn ich Dich glücklich gemacht habe, wirst Du wissen, wie Du mir das sagen kannst? Weißt Du, wer ich bin, und kümmert es Dich, das nicht zu wissen? Bin ich für Dich ein unbekanntes Wesen, das man sucht und von dem man träumt, oder bin ich in Deinen Augen eine Frau wie jene, die im Harem fetter werden? Ist in Deinen Augen, in denen ich einen göttlichen Funken zu entdecken glaubte, nichts als solche Lust, wie sie diese Art Frauen anstachelt? Kennst Du diese Sehnsucht der Seele, die die Zeit nicht angreift, die kein Exzeß tötet oder trübt? Wenn Deine Geliebte in Deinen Armen schläft, bleibst Du wach, um über sie zu wachen, zu Gott zu beten und zu weinen? Machen die Freuden der Liebe Dich atemlos und brutal oder erheben sie Dich zu einer göttlichen Ekstase?

Der Rausch des Begehrens

Mir ist, als würde ich mich niemals an Ihnen satt sehen

Marie Gräfin d'Agoult
an Franz Liszt

Genf, 31. Mai 1836

Ich weiß nicht, ob Sie dieser Brief noch erreichen wird, was macht's, ach, welche Ewigkeit dauert diese Reise! Aber es mußte sein, und ich betrachte es als ein Glück, daß wir nichts vorher gewußt haben, denn niemals, niemals hätte ich den Mut dazu aufgebracht.

Ich werde versuchen, es so einzurichten, daß wir in den ersten Tagen niemand sehen. Mir ist, als würde ich mich niemals an Ihnen satt sehen. Ach, wenn Sie wüßten, wie schwer es mir wird, nicht zu verzweifeln.

Aber Sie lieben mich so sehr und ich fühle es so gut, was kann ich im Himmel und auf Erden anderes verlangen als Sie! Leben Sie wohl, ich küsse Sie aus tiefster Seele!

Du bist durch diese Zauberei der Liebe mein eigen

Sophie Bernhardi-Tieck
an August Wilhelm Schlegel

Berlin, August 1801

Ich war in den letzten Tagen in einem fieberhaften Zustand. Diese gewaltsame Spannung hat nun nachgelassen und ich fühle mich recht herzlich krank und matt. Ich habe es selbst nicht geglaubt, daß ich so ganz Dir angehöre, alle meine Gedanken sind unwillkürlich an Dich gerichtet, mich verzehrt die heiße Sehnsucht, Dich wiederzusehen (…) Verzeih, daß dieser Brief so unglaublich töricht wird, ich weiß Dir nichts zu schreiben, als daß Du mir über allem Ausdruck teuer bist, alle anderen Gedanken sind mir erloschen. Lieber Wilhelm, teurer Freund, vergiß mich nicht, darum beschwöre ich Dich mit heißen Tränen, denke nie mit Kälte daran, wie ich mich Dir so ganz ohne Rückhalt hingegeben habe, wie ich in Deinen Armen Schutz suchte gegen manches Leiden was ich noch empfinde, wie ich an Deiner Brust Trost fand für so manche bitter verlebte Stunde.

Du darfst, Du kannst mich nicht vergessen, die

Leidenschaft in meinem Herzen muß Dich gewaltsam zu mir ziehen. Du bist durch diese Zauberei der Liebe mein eigen. Lieber, lieber Wilhelm, könntest Du jemals vergessen, daß Du der erste, der einzige Mann bist, dem sich mein ganzes Herz entgegenneigt, dem ich mich mit ganzer Seele ergebe. Ich bin nicht schön und reizend, daß ich Dich könnte alle schönen Frauen vergessen machen, und wäre ich es, so könnte ich Dein Vergessen nicht belohnen (...) Faßt Dich wohl einmal so die heftige Sehnsucht, wie mich, daß Du die Arme nach dem Wind ausstrecken möchtest! (...) Ich beschwöre Dich, habe mich nicht mit halbem Herzen lieb! O komm, geliebter Freund, daß ich alle meine Schmerzen an Deinem Herzen vergesse! Eile in meine Arme, laß mich Dich an meine Brust drükken, ach, und könnte ich dann mit dem ersten Kusse mein Leben hinweghauchen. Du Stern, der mein Schicksal und mein Leben beherrscht! Kannst Du wohl jemals meinen Namen gleichgültig hören, sollte wohl einmal die Zeit kommen, daß Dein Herz nicht von Freude erregt wird, wenn Du an meine Liebe denkst, sollte Dein Blut aufhören, schneller zu fließen, wenn meine Augen, meine Hände, meine Lippen Dich berühren?

O könnten Dich meine zärtlichsten Wünsche erreichen. Ewig Dein eigen

S.B.

Ich liebe Dich wie eine leidenschaftliche Frau

Juliette Drouet
an Victor Hugo

1833

Wenn Du wüßtest, wie ich mich nach Dir sehne, wie die Erinnerung an vorige Nacht mich in einen Freudentaumel stürzt und mit Wünschen erfüllt. Wie gern möchte ich mich in Ekstase Deinem süßen Atem und Deinen Küssen hingeben, die mir so viel Glück schenken!

17. Februar 1836

Ich liebe Dich wie die Löwin ihren Gefährten liebt. Ich liebe Dich wie eine leidenschaftliche Frau, die bereit ist, bei der geringsten Geste ihr Leben aufs Spiel zu setzen. Ich liebe Dich mit der Seele und dem Verstand, die Gott seinen Geschöpfen verliehen hat, um außergewöhnliche Menschen wie Dich bewundern zu lassen. Darum, mein herrlicher Victor, kann ich im selben Moment rasen, weinen, kriechen und aufrecht stehen. Ich beuge mein Haupt und bete Dich an!

Ich möchte mit Dir so wilde Dinge tun

Anaïs Nin
an Henry Miller

Achensee, 6. August 1932

Oh, Henry, Dein Brief heute morgen erregte mich so. Als man ihn mir gab, überwältigten mich all die künstlich aufgestauten Gefühle. Allein schon die Berührung des Briefes war, als hättest Du mich in Deine Arme genommen. Du weißt jetzt, was ich beim Lesen empfand. Du hast alles geschrieben, was mich rühren und für Dich gewinnen konnte, und ich war *feucht* und bin so ungeduldig, daß ich *alles* tue, um einen Tag zu gewinnen. Die beigelegte Notiz, die ich Dir gestern abend schrieb, zwei Stunden nach dem Absenden meines Briefes, wird Dir helfen zu verstehen, was sich hier tut. Außerdem mußt Du das Telegramm fast gleichzeitig erhalten haben. Ich gehöre Dir! Wir werden eine Woche verleben, wie wir sie uns nie erträumt haben. »Der Thermometer wird platzen.« Ich möchte wieder das heftige Pumpen in mir spüren, das rasende, glühende Blut, den langsamen, liebkosenden Rhythmus und das plötzliche heftige Stoßen, die

Raserei in den Pausen, in denen ich Regentropfengeräusche höre … wie es in meinen Mund schießt, Henry. Oh, Henry, ich kann es nicht ertragen, Dir zu schreiben – mich verlangt verzweifelt nach Dir, ich möchte die Beine weit öffnen, ich schmelze und zucke. Ich möchte mit Dir so wilde Dinge tun, daß ich nicht weiß, wie ich sie sagen soll.

Überfließend vor verzweifelter Liebe

Anaïs Nin
an Henry Miller

Wenn Du nachdenklich und ergreifend bist, verliere ich den Verstand. Für eine Nacht mit Dir würde ich mein Leben fortwerfen, Hunderte Menschen opfern, ich würde Louveciennes niederbrennen, wäre zu allem fähig. Das sage ich nicht, um Dich zu beunruhigen, Henry, nur, weil ich mich nicht zurückhalten kann, es mal zu sagen, weil ich überfließe vor verzweifelter Liebe zu Dir, den ich mehr liebe als sonst jemand zuvor.

Die Leidenschaft des Versprechens

Fortan gehöre ich ganz und gar Dir

ELIZABETH BARRETT
an Robert Browning

Und nun höre Du mir einmal zu. Du hast mich tiefer berührt, als ich glaubte, daß sogar Du mich berühren könntest – mein Herz war voll davon, als Du heute kamst. Fortan gehöre ich ganz und gar Dir.

Je mehr sich Deine Seele vor mir entfaltet

Karoline von Dacheröden an Wilhelm von Humboldt

Erfurt, 14. April 1790

O mein Wilhelm, wie süß ist es, von diesen Betrachtungen auf Dich zurückzukommen – wie verschwanden alle diese Besorgnisse bei dem ersten Blick in Dein einzig schönes, großes Herz! Teures Wesen, wie knüpft jeder Gedanke meiner Seele mich fester an Dich, wie bringt jeder Augenblick Nachdenkens über Dich mein Wesen dem Deinen in dem Maße näher, als es mich von jedem andern entfernte, den ich mir in diesem Verhältnis dachte. Je mehr sich Deine Seele vor mir entfaltet, je mannigfacher die Gestalten werden, unter denen mir Dein liebes Bild erscheint, je verwandter fühl ich Dein Wesen dem meinen, und mit dem reinen Entzücken, für das die Sprache keinen Ausdruck hat, sehe ich durch Dich den leisen Wünschen und Träumen meines Herzens Wahrheit und Dasein gegeben. O Wilhelm, Wilhelm, wie oft werde ich noch weinen an Deinem Busen im Übermaß meines Glücks! Ewige Güte, mit was verdient ich dieses

Los! O auch das ist zu süß zu fühlen, daß es unverdient ist, der leiseste Anspruch risse aus diesem himmlischen Drang die lieblichste Blume – mein teurer Mann, so nimm mich, so möge ich Dir still blühen am Herzen, alles, alles ewig dankend der Liebe.

Gerade jetzt bin ich absolut keusch und rein

Helene Dimitriewna Diakonowa,
genannt Gala
an Paul Éluard

Verachte und beleidige mich, aber nicht meine Liebe (...). Ich habe nur meine Liebe, (die Sehnsucht) daß du mich ganz besitzt. Es gibt in meinen Gedanken oder Ideen nichts Unreines, weder in Wirklichkeit noch in meinem Leben und meinen Gefühlen. Wenn ich alles mit dir tue, sogar »seltsame Dinge«, bin ich sicher, daß alles sauber, schön und richtig ist, weil ich dich liebe.

Gerade jetzt bin ich absolut keusch und rein. Ich habe nichts getan, was dir mißfallen könnte, keine Geste, keinen Gedanken, keine Bewegung, kein Wort. (...) Ich verberge nichts vor dir. Mein Leben ist klar, und alles, was ich tue, ist für dich. Frage deine Mutter, wenn du irgendeinen Zweifel hegst. Ich kenne niemanden (in Paris) und von meinen (Französisch-)Stunden abgesehen, gehe ich auch nicht aus. Briefe erhalte ich von niemandem sonst als von meinen Eltern.

Versprich mir, mich nimmer zu verlassen

KAROLINE VON GÜNDERODE
an Friedrich Creuzer

Laß keine Zeit, kein Verhältnis zwischen uns treten. Den Verlust Deiner Liebe könnte ich nicht ertragen. Versprich mir, mich nimmer zu verlassen. O, Du Leben meines Lebens, verlasse meine Seele nicht. (…) Du bist mein über allem Schicksal. Es kann Dich mir nicht mehr entreißen …

Alles Feuer unserer Leidenschaften

Héloise
an Peter Abaelard

Dein Bild ist in meinem Zimmer. Ich gehe nie daran vorbei, ohne anzuhalten und es zu betrachten; wärst Du bei mir, würde ich ihm keinen Blick gönnen. Wenn ein Bild, das doch nur ein stummer Vertreter einer Sache ist, solche Freude spenden kann, was können dann nicht Briefe auslösen? Sie haben Seelen, sie können sprechen, sie tragen alle Kraft in sich, das Herz hinüber zu ziehen, sie haben alles Feuer unserer Leidenschaften.

Unter dem ersten Sturm Deiner Zärtlichkeit

Elly Knapp
an Theodor Heuss

Straßburg, 24. März 1908

Herzliebster,
gestern habe ich wahrhaftig vergessen, daß sozusagen unser »Verlobungstag« war. Aber sophistisch rechne ich aus, daß der Kuß auf der Treppe wohl nach Mitternacht war, folglich heute erst sich jährt. Heut vor einem Jahr kamst Du dann morgens mit der Goldhaube und glückseligen Augen, und ich war ein bißchen ängstlich, ob ich wohl eine schlimme Sache gemacht hätte, und nahm mir vor, Dich auf den Pfad der Freundschaft und Tugend zurückzuführen. Und morgen ists dann ein Jahr, daß diese meine Absicht unter dem ersten Sturm Deiner Zärtlichkeit unterging. Oder nein, das war erst am 26. (...) Aber jedenfalls habe ich noch nicht gedacht, daß ich ein Jahr später bereits meine Sachen packen würde und in unsere Wohnung schicken. (...) Morgen kommen also die Packer. – Ich wollte, ich könnte mich in dem Schrank verstecken, und beim Auspacken fändst Du mich.

Ich wähne Dich überall zu finden

CHARLOTTE VON LENGEFELD
an Friedrich Schiller

Rudolstadt, 22. Oktober 1789

Möge der Engel unsrer Liebe Dich begleiten! mein Teurer, Liebster, Du bist nun nahe bei Jena, und ich hoffe ohne allen Anstoß soll Deine Reise sich enden. Ich sah Deinem Wagen nach, und die liebliche Sonne tat mir wohl, aber mehr noch der Gedanke, daß Du doch nur acht Stunden von uns wärst. Dein Kommen und Gehen, wie ist es doch nun so anders, seit ich weiß, daß wir uns immer wieder so finden, wie wir uns verließen, daß unsere Liebe bleibend ist, so dauernd wie unser Dasein. Ängstlich sah ich Dich sonst gehn, denn ich wußte nicht, ob nicht mein Bild aus Deiner Seele verdrängt werden könnte, ob Dir nicht ein andres Wesen das geben könnte, was nur meine Liebe Dir zu geben wünschte, Dein Kommen erwarte ich furchtsam, ob ich Dich noch so finden würde wie ehedem. Diese Besorgnisse sind aus meiner Seele verschwunden, und es trägt etwas bei, mir den Gedanken der Trennung von Dir zu erleichtern. Aber fehlen tust Du mir immer; und es ist mir, als wäre ich von dem besseren Teil meines Wesens geschieden. Es ist alles leer und tot außer mir, da ich Deine Gestalt nicht mehr sehe, aber in meiner Seele stehst Du immer vor mir, und ich wähne Dich überall zu finden, und möchte das liebe Bild festhalten. Was uns Dein Besuch war, fühlst Du. Dank dem guten Schicksal, das uns vereinigte! Es war ein Vorbild unseres künftigen Lebens, jeder Tag wird uns schöner durch Deine Liebe werden. Fühlst Du nun, wie ich Dich liebe? Ich kenne kein Dasein mehr als in dem Gefühl, daß Du mein bist, daß ich Dir gehöre. Deine Liebe ist der lichte Punkt in meinem Leben, alles andre verliert sich darin, nur durch sie wird mir alles erhellt, ich hatte keinen Begriff von dieser Existenz, ich suchte umsonst, meinem Leben das Interesse zu geben, das nur allein der Zauber der Liebe geben kann. Eine neue, schönre Welt hat sich mir geöffnet, seit meine Seele nur in Dir lebt. (...)

Die Liebe hat mich ganz und gar in Besitz genommen

KATHERINE MANSFIELD
an John Middleton Murry

Ende 1915

Ich habe Dich drei Jahre lang mit meinem Herzen und in meinen Gedanken geliebt, aber mir will scheinen, ich habe Dich nie *avec mon âme* geliebt, wie ich es jetzt tue. Ich liebe Dich mit all unserer Zukunft – unserem gemeinsamen Leben, das eben jetzt Wurzeln getrieben hat und in der Sonne gedeiht. Nicht ich liebe Dich: Die Liebe hat mich ganz und gar in Besitz genommen. Liebe zu Dir & unserem Leben & all unseren Schätzen & unserer Freude. Ich habe nie zuvor etwas Vergleichbares gefühlt. Ich habe mir nicht einmal vorgestellt, daß so etwas möglich sei. Mir scheint, ich spielte nur am Rande der Liebe (...) O meine Seele, wenn Du nun kommst, werden wir etwas verwirklichen, das noch nie da gewesen ist, solche Glut, solche Schätze, solche Kräfte ruhen in uns.

Anfang Februar 1918

Diese Gegend ist so durchdrungen von unserer Liebe, daß jeder Spaziergang zu einer bewegenden Pilgerfahrt wird. Da ist die Villa ... hier das Feld, wo wir Anemomen pflückten, dort die Mauer, wo sich die Eidechse sonnte (...) Auf dem Rückweg ging ich an der Villa Pauline vorbei und sah über der Mauer schon die Geranien in Knospen und Blättern. (Natürlich ging ich hinein, und während Du den Teekessel aufsetztest, holte ich die geblümten Tassen aus dem Schrank (...) Es ist meine Liebe zu Dir, die allem was ich hier schreibe, den süßen Anhauch verleiht.

Oh wie werde ich Dich busseln

MILEVA MARIĆ
an Albert Einstein

(Zürich, zweite Maihälfte 1901)

Liebstes Schatzerl!
Jetzt habe ich auch schon Dein zweites Brieferl erhalten und bin so glücklich, über alle Massen. Wie lieb Du bist, oh wie werde ich Dich busseln, ich kann das Ende der Woche gar nicht erwarten, bis Du kommst. Ich glaube, ich bete zum Peterli, dass er dem Herrn Besso einen glücklichen Gedanken einblast. – Solltest Du am Samstag kommen, wirst Du vielleicht bei uns schlafen können, da Eine am Freitag verreist, ich werde Frl. Engl bitten, sie thut es mir schon, wenn es geht. Bis dahin will ich nun recht fleissig sein, um mich dann ganz mit Dir freuen zu können – Gotterl wie wird da die Welt schön aussehen, bis ich Dein Weiberl bin. Du wirst sehen, es wird kein glücklicheres Weibchen geben auf der ganzen Welt, und dann muss das Manderl auch so sein.

Leb wohl mein süsses Schatzerl und komm recht lustig ende Woche zu Deinem

Weiberl

Ich bin treu, wie ich es nie war

Sophie Mereau
an Clemens Brentano

(1804)

O Du Ungeheuer, Genie, Bösewicht, Lügner, Verleumder, Räuber, Schriftsteller, Komödiant – ach, Du Teufel – ich bin außer mir, ich sterbe, ich bin schon tot. Betraure mich, weine ein paar verführerische Tränen, um damit das Lächeln eines weichfühlenden Mädchens zu gewinnen, schreibe die rührendsten Trauerlieder auf Deine arme Geliebte, um Dir neue Freunde damit zu erkaufen – ach, – wie interessant wirst Du sein in Deinem heuchlerischen Schmerz, Deine Koketterie lockt mich von den Toten zurück, ich kehre noch einmal ins Leben, um mich von neuem in Dich zu verlieben. Doch nein, ich nehme mich zusammen, wir sind getrennt, und ich sage Dir ein ewiges Lebewohl! (...)

Ja, Clemens, in Dir bete ich das Göttliche an, wo hätte sich die Gottheit mehr verherrlicht? Du sollst an die Stelle meiner guten Geister treten, die mich oft getröstet haben. Oh! erscheine mir, wenn ich nicht glaubend, dringend zu Dir bete, tröste mich mit ernsten, sanften Worten, aber bezähme jede harte, verwundende Rede, und wenn ich in allem gern Deine Überlegenheit anerkenne, so wolle Du nur hierin selbst nichts vor mir voraushaben! (...)

Oh! ich glaube an Dich, wie ich nie geglaubt habe, ich liebe Dich, wie ich nie liebte, ich bin treu, wie ich es nie war!

Du liebst mich doch, denn ich bin es wert

CAROLINE MICHAELIS
an Friedrich Wilhelm Joseph Schelling

Oktober 1800

Du liebst mich, und sollte die Heftigkeit des sich in Dir bewegenden Wehes Dich auch einmal mit Haß täuschen und mich dann zerreißen, Du liebst mich doch, denn ich bin es wert, und dieses ganze Universum ist ein Tand, oder wir haben uns innerlich für ewig erkannt. (...)

Ich muß doch auch probieren, ob ich nicht aus (Tod : Schmerz) x (Wonne : Liebe) Leben und Frieden herausbringen kann. Woher mir die Ursätze kommen, darum wirst Du mich wohl nicht so scharf befragen.

Dienstag früh (1800)

Ich habe den Himmel recht gebeten, mich zu erleuchten und mir gute Gedanken zu verleihn, ehe diese Post abginge, und er hat mich auch erhört. Wenn ich Dir wollte oder vielmehr vermöchte alles hinzuschreiben, was in mir vorgegangen ist, es würde so tief und weihevoll werden wie Deine Blätter, aber ich muß mich schonen und gebe Dir nur den Frieden von Gott, in dem sich mein Herz aufgelöst hat, voll fester Hoffnung, daß ich ihn Dir auch mitteilen werde. Ich habe Dich innig lieb. – Wenn ich Dir auch könnte lange Vorstellungen erwidern über Deine Vorstellung und eine Menge begeisterte Vernunft gegen Deine irrigen Ansichten setzen, es wäre eine bloße Redeübung – genug, daß ich meinem Freunde verspreche, daß ich leben will, ja daß ich ihm drohe ich werde leben, wenn er so zur unwahren Stunde den Tod sucht. Du liebst mich, und sollte die Heftigkeit des sich in Dir bewegenden Wehes Dich auch einmal mit Haß täuschen und mich damit zerreißen, Du liebst mich doch, denn ich bin es wert, und dieses ganze Universum ist ein Tand, oder wir haben uns innerlich für ewig erkannt.

Wir werden sooft wie möglich beisammen liegen

Anaïs Nin
an Henry Miller

Louveciennes, Sonntag, 9. April 1932

Hör zu, ich habe meine Fähigkeit zum »Glücklichsein« wiedergefunden. Das Wissen um die Gefahr, die meinem Glück drohte (...) quälte mich anfangs. Ich bin mir ihrer heute noch genauso bewußt, aber ich habe mehr Mut, oder vielmehr, ich kümmere mich nicht um das Morgen oder irgendeine Zukunft, nur um das *Heute*, und genieße intensiv, was wir *heute* haben, Henry. Henry, wir werden *alles* auskosten, was wir einander geben können, bevor June kommt, schnell, heftig – wir werden sooft wie möglich beisammen liegen. Alles ist zerbrechlich, aber für jeden Tag, der mir dies gewährt, bin ich dankbar, dankbar! Ich weiß nicht, warum ich oft an den Dienstag denke. Vielleicht ist es falsch, daß ich so austernhaft sein möchte und so hartnäckig an meinen Schalen festhalte – Nataschas Atelier ist eine meiner Austernschalen.

Ja, ich komme gern nach Clichy, und ich sitze gern in der Küche mit Dir und Fred und all den

Büchern auf dem Tisch. Wenn Du mich bittest, komme ich am Dienstag nach Clichy!

Ich glaube, ich werde daran sterben

Sophie Dorothea von Hannover
an Philipp Christoph von Königsmarck

(Hannover, um 1690)

Ich habe eine Leidenschaft, die die ganze Freude und das ganze Glück meines Lebens ausmacht, die einzige, die ich, wie ich behaupten kann, je gefühlt habe und die mit mir sterben wird. Ich weiß nicht, wie es möglich ist, so zu lieben, wie ich es tue. Meine Zärtlichkeit wächst, scheint mir, mit jedem Augenblick. Sie dient nur dazu, mich jetzt unglücklich zu machen, denn ich bin gleichgültig gegen alles andere in der Welt und beständig in Furcht und Aufregung, die meine Ruhe stören. Ich fürchte immer, daß die Trennung mir bei Ihnen schadet; aber Sie müßten sehr undankbar sein, wenn Sie fähig wären, mich zu vergessen, denn Sie werden niemals bei einer Frau so viel Liebe, Treue und Hingebung finden, als ich sie mein Leben lang für Sie haben werde. (...)

Ich bin sehr ärgerlich, daß ich Sie nicht sehen kann, und Sie haben wirklich allen Grund, zu sagen, daß es höchst unbequem ist zu lieben, wenn man getrennt ist. Ich empfinde es alle Tage, aber ich hoffe, mich für alle meine Qualen zu entschädigen, und wenn ich Sie erst einmal in meinen Armen halte, so müssen Sie sehr geschickt sein, wenn Sie mir entschlüpfen wollen. Wenn ich an den Augenblick denke, wann ich Sie wiedersehen werde, so bin ich in einem Freudenrausch, den nur der empfinden kann, der so liebt wie ich. Ich glaube, ich werde daran sterben; möge es Gott gefallen, es wäre so!

Ach, welches Entzücken, Ihnen zu zeigen, daß meine Zärtlichkeit jede andere übertrifft und daß ich Sie anbete. Ich werde Sie zu dem Geständnis zwingen, daß die Ihrige die meinige nicht erreicht, und Sie werden sich schämen müssen, so sehr geliebt zu werden und nicht ebenso wiederlieben zu können.

Und alle Zärtlichkeiten an Dich verschwende

HENRIETTE VON WILLICH
an Friedrich Schleiermacher

5. März 1809

Die stille einsame Abendstunde soll wieder Dir geweiht sein, mein Geliebter. Mir ist heute das Herz so voll und weit, ich habe recht nach dem Genusse geschmachtet mit all meiner Liebe zu Dir zu kommen, meiner Trauter! (...)

Wie reich bin ich gestern geworden – zwei Briefe auf einmal – nun fühle auch recht, wie innig ich mich an Dich schmiege, und in den Küssen die alles sagen und alles geben, Dir zu erkennen gebe, daß ich Dir den Scherz von neulich verziehen habe und daß ich Dein bin – o so ganz, wie sich's nicht aussprechen läßt. Du Süßer, ich denke, ich werde es mir schon gefallen lassen, wie Du's Küssen treiben wirst. Ist doch Dein Liebkosen so recht nach meinem Herzen, so warm, so lebendig, so zart. (...)

Denke es Dir nur recht, Herzens-Mann, wenn wir erst bei einander sitzen werden, und ich in Dich verloren, mich an Deinem Anschauen weide – und Auge in Auge immer tiefer, bis ich es nicht mehr aushalten kann, sondern in voller Begeisterung Dir um den Hals falle und alle Zärtlichkeiten an Dich verschwende, du süßer, Einziger! (...)

Leb wohl, auf das zärtlichste umarmt, und wisse ohne Worte nun alles, was in meinem Herzen ist.

Mein Innerstes flüstert es Ihnen ewig zu

Clara Wieck
an Robert Schumann

Leipzig, den 15. August 1837

Nur ein einfaches »Ja« verlangen Sie? So ein kleines Wörtchen – so wichtig! doch – sollte nicht ein Herz, so voll unaussprechlich lieben wie das meine, dies kleine Wörtchen von ganzer Seele aussprechen können? ich thue es und mein Innerstes flüstert es Ihnen ewig zu.

Die Schmerzen meines Herzens, die vielen Thränen konnt ich das schildern – o nein! – Vielleicht will es das Schicksal, daß wir uns bald einmal sprechen und dann – Ihr Vorhaben scheint mir riskirt, doch ein liebend Herz achtet der Gefahren nicht viel. Also abermals sage ich »Ja!« Sollte Gott meinen achtzehnten Geburtstag zu einem Kummertag machen? o nein, das wäre doch zu grausam. Auch ich fühle längst, »es muß werden«, nichts in der Welt soll mich irre machen, und dem Vater werd ich zeigen, daß ein jugendliches Herz auch standhaft sein kann.

sehr eilig
Ihre Clara

Ein unbegrenztes Vertrauen hab ich zu Dir

Clara Wieck
an Robert Schumann

Sylvester 1839

Dein Neujahrskuß laß Dir geben, mein geliebter Robert, mit welchen Gefühlen ich das neue Jahr betrete, kann ich Dir nicht sagen, es sind freudige aber auch ernste. Ich soll Dir nun bald ganz angehören, das erregt mich freudig, mein ganzes Lebensglück liegt dann aber auch in Deiner Hand. Ein unbegrenztes Vertrauen hab ich zu Dir, Du wirst mich ganz beglücken. Aber auch ich will Dir immer von ganzer Seele ergeben sein, mein ganzes Sinnen und Trachten ist ja Dein Glück. Gib mir Deine Hand, mein Robert, treu will ich mit Dir durchs Leben gehen, alles mit Dir teilen, und, kann ich es, Dir auch eine gute Hausfrau sein. Ach! Ich liebe Dich ja so innig, so ganz unendlich! Bald Dein glückliches Weib,

Deine
Clara

Ich werde nie mit leeren Händen vor Dir stehen

Lilly Wust
an Felice Schragenheim

Juni 1943

Mein bisheriges Leben war, weiß Gott, nicht liebeleer. Aber leer von Leben, richtigem Leben. Ich habe jahrelang umsonst gelebt, das Leben vertan. Und dazu ist es nicht da. (…) Ich werde nie mit leeren Händen vor Dir stehen. Ich werde Dich umsorgen, Dir, wo es auch sei, Heimat sein und Heim und Familie: Alles das, was Du nicht hast, das will ich Dir geben. Und ich weiß, daß ich dazu berufen bin, Dich glücklich zu machen.

Der Schmerz des Getrenntseins

Es werden wieder glückliche Tage kommen

Fanny Elssler
an Friedrich von Gentz

Wien, den 1. August 1830, 9 Uhr abends

Wenn ich mir so denke, wenn nur Gentz auch bei mir wäre, der es leider nicht sein kann, da vergeht mir dann alle Lust, mich zu unterhalten. Wenn ich mir so denke, wie Du Dich nach mir sehnst, wenn ich Deine Briefe lese, da versichere ich Dich, daß Du mir recht erbarmst, daß gerade Dich, der Du so gut bist, das Schicksal so schwer straft, allein nur Mut, mein lieber Gentz, noch lebt ein Gott, noch leben wir ja alle zwei, und solange das ist, muß man nicht verzagen. Es werden wieder glückliche Tage kommen, die sollen uns dann für die vielen leeren und unglücklichen Tage entschädigen, habe nur Mut, mein lieber Gentz: Ich denke mir, da Du mir schon so sehr abgehst, wie muß nicht ich Dir abgehen ... Heute habe ich Kopfschmerzen, sonst würde ich Dir mehr schreiben, allein ich darf Dir ja nur schreiben, daß ich Dir gut bin, mehr brauchst Du ja nicht zu wissen, und daß ich Dich vielmal küsse und daß ich Deine Fanny bin. Adieu

Erstaunen wächst am Weg der Liebe

Brief eines englischen Mädchens

Geliebter –
dies ist der erste Brief, den Du von mir erhältst, aber es ist nicht der erste, den ich Dir schreibe. In derselben Handschrift liegen viele Briefe, ach so viele, ich habe ihre Zahl vergessen, mit dem Vermerk »unbestellbar« auf dem Postamt der Liebe. Das ist mein Bekenntnis: Du lachtest, als ich Dir sagte, daß ich eines zu machen hätte, Du ahntest nicht, wie ernst es war. Kann es etwas ernsteres geben, als – daß ich Dich lange schon liebte, ehe Du mich liebtest?

Du zweifelst daran. Und doch weiß ich genau, wann Du mich zum erstenmal wirklich liebtest. Ganz plötzlich, eines Tags, sahst Du mich wie mit Erstaunen an, und Erstaunen wächst am Weg der Liebe. Und aus Erstaunen wurde Liebe. Vordem kanntest Du mich nicht. Es war nur eine jener neun Verwirrungen gewesen, die das männliche Herz gefangen nehmen und bis zu dem Augenblick beschäftigen, wo die zehnte gereift ist, die sie alle überdauert.

An jenem Tag schrieb ich in meinem Brief »Du liebst mich«. Ich konnte es vorher nie schreiben – trotzdem ich aus meiner Liebe zwölf Briefe an Dich geschrieben hatte, konnte ich niemals von Deiner Liebe zu mir reden. War dies nicht ernst? Nun habe ich gebeichtet. Wie fürchtete ich, über und über erröten zu müssen, aber meine Wangen sind kühl.

Du hast mein Erröten weggeküßt! Kann ich nie wieder beschämt vor Dir stehen und nie wieder rosig werden? Dann hast Du mir einen Reiz geraubt: ich habe kein Erröten mehr! Wirst Du mich noch lieben können?

Du liebst mich, Du liebst mich! Wie wundervoll Du bist! Wie wundervoll sind wir beide, Du und ich! (...) Ach, mein Liebster, ich bin so ganz und mit Freuden die Deine. Wirst Du dies je ergründen? Der Du so lange brauchtest, um es überhaupt zu merken!

Heute Nacht will die Last zu schwer für mich werden. Komm irgendwie zu mir, geliebter Geist meines Glücks und nimm mich in Deine Arme! Ich leide, ich leide, daß ich nicht bei Dir sein kann. Ich kann – ich muß zu Dir. (...)

Fühlst Du meine Küsse im Dunkeln, Geliebter? Mit Schmerzen gehen sie von mir, sie müssen sich irgendwohin wenden, ich muß mich von ihnen befreien, sie tun mir weh. (...) Ich bin Dein blindes Kind, ich muß weinen, weil ich Dich nicht sehen kann. Laß mich noch einmal hören, daß Du mich für »die beste und hochherzigste aller Frauen« hältst.

Geliebter, wenn ich das immer noch Deinem Herzen bin, schadet die Trennung nichts. Ich kann warten, ich kann warten. Ich küsse Dich …

Manchmal übermannt mich der Schmerz der Trennung von Dir

GABRIELE VON HUMBOLDT
an Heinrich von Bülow

Schleiz, den 28. April 1817

Seit einer halben Stunde sind wir hier angekommen, und ich benutze den ersten freien Augenblick, um Dir, mein geliebter, teurer Heinrich, einige Zeilen zu schreiben, wozu ich mich unendlich gefreut habe! Ach! mein liebes Herzchen, mit welchen Worten soll ich Dir sagen, wie entsetzlich schmerzhaft mir der Abschied von Dir war und wie öde und leer mir alles vorkommt, seitdem ich Dich nicht mehr sehe! Wie ich in den Wagen gekommen bin, weiß ich selbst nicht, nur das weiß ich, daß der Augenblick, wo ich Dich zum letzten Male an mein Herz drückte und zum letzten Male Dein liebes Gesicht sah, der schrecklichste in meinem ganzen Leben war, es vergingen mir alle Sinne, und ich mußte alle meine Kraft zusammennehmen, um die Fassung nicht zu verlieren.

Unaussprechlich sehne ich mich nach einem Briefe von Dir, mein süßes Leben, und doch kann ich es kaum hoffen, in München einen zu finden, und Gott weiß, wie lange ich noch harren muß, ehe ich nur ein Lebenszeichen von Dir vernehme, und so lange nichts, gar nichts von Dir zu hören, ist wirklich hart (...)

Manchmal übermannt mich der Schmerz der Trennung von Dir so stark, daß ich Mühe habe mich zu fassen, um nicht in Tränen auszubrechen. Doch suche ich soviel als möglich heiter zu sein, um nicht die anderen zu betrüben (...) Ach, nie, nie kann ich es ausdrücken, was ich bei dem Gedanken empfinde, einstens Dir mein Leben und mein Glück anzuvertrauen und Dir ganz anzugehören. Doch Dir brauche ich es wohl nicht zu sagen, denn Du mußt es wissen, wie innig, wie herzlich ich Dich liebe, so wie ich es von Dir weiß! Ach, was wäre denn mein ganzes Leben, wenn ich diese feste Überzeugung nicht hätte! – Gute Nacht, mein liebes, gutes Herz, ich umarme Dich und bin ewig

Deine liebe Gabriele

Nur Tränen der Wehmut können das sagen

Susette Gontard (Diotima) an Friedrich Hölderlin

Etwa 28. September – 5. Oktober 1798

Ich muß Dir schreiben, Lieber! Mein Herz hält das Schweigen gegen Dich nicht länger aus. Nur noch einmal laß meine Empfindung sprechen vor Dir, dann will ich, wenn Du es besser findest, gerne, gerne still sein. Wie ist nun, seit Du fort bist, um und in mir alles so öde und leer, es ist, als hätte mein Leben alle Bedeutung verloren, nur im Schmerz fühl ich es noch. –

Wie lieb' ich nun diesen Schmerz; wenn er mich verlassen, und es wieder dumpf in mir wird, wie such ich ihn mit Sehnsucht wieder. Nur meine Tränen über unser Schicksal können mich noch freun. – Sie fließen auch reichlich, wenn ich Abends, schon um neun Uhr, den Tag zu verkürzen mit den Kindern zur Ruhe mich lege; wenn alles still ist, und niemand mich sehen kann. Wie! dachte ich dann oft, soll künftig diese geliebte reine Liebe wie Rauch verfliegen und sich auflösen, nirgends eine bleibende Spur zurück lassen? (...)

Schon oft habe ich es bereut, daß ich Dir beim Abschied den Rat gab, auf der Stelle Dich zu entfernen. Noch habe ich nicht begriffen, aus welchem Gefühl ich so dringend Dich bitten mußte. Ich glaube aber, es war die Furcht vor der ganzen Empfindung unserer Liebe, die zu laut in mir wurde bei diesem gewaltigen Riß, und die Gewalt, welche ich fühlte, machte mich gleich zu nachgiebig. Wie manches, dachte ich nachher, hätten wir noch für die Zukunft ausmachen können, hätte nur unser Auseinandergehen nicht diese feindselige Farbe angenommen; niemand hätte Dir den Zutritt in unser Haus wehren können. (...)

Da habe ich Dir viel Worte machen müssen, und hätte Dir doch gerne so viel gesagt. Das Rechte kann ich aber nicht ausdrücken, es bleibt tief in meinem Herzen begraben. Nur Tränen der Wehmut können das sagen und wieder stillen. Du siehest wohl, ich kann die Worte nicht finden! – Ich bin so verändert, dieser gewaltige Schlag des Schicksals hat mich ganz in mich selbst gekehrt, ein tiefer heiliger Ernst herrschet durch mein ganzes Wesen. Nur oft ist's mir so dumpf, und ich habe keine Besinnung; will ich dann lesen, stehen meine Gedanken still, und wollen nicht weiter, ich kann nur das Nötigste tun, und bin zum verwundern geduldig. (...) O, es wird gewiß besser, wenn ich nur erst weiß, daß die Nachrichten von Dir mir nicht fehlen können und ich immer einen Gesichtspunkt, einen Tag der Hoffnung vor mir habe. Denn die Hoffnung hält uns allein im Leben. – Das bleibt gewiß, daß ich nie ändere. –

Zweifle nie an meiner Liebe

SUSETTE GONTARD (DIOTIMA)
an Friedrich Hölderlin

8. September 1799

Ich mußte mich aus diesem stummen Schmerz herausreißen, und nun kam aus der Tiefe meines Wesens ein Ächzen, ein Gewinsel, eine Flut von Tränen, die sich lange drängten, ohne daß ich sie stillen konnte. Und seitdem ist es mir immer so wunderbar schwermütig geblieben, und als hättest Du etwas gegen mich auf dem Herzen, und ich denke an nichts anders. Über die Erinnerung an meine Reise ist wie ein dunkler Flor gezogen, o, zweifle nie an meiner Liebe! Dir! Dir allein wird sie ewig bleiben!

Du kannst lieben, doch verliebe Dich nur nicht

KAROLINE JAGEMANN
an Herzog Karl August von Weimar

Leipzig, 8. Juni 1807

Vom ersten Augenblick meines Hierseins bis jetzt habe ich nicht gewußt, wohin vor lauter Arbeit. Gestern spielte ich wieder, und heute, wo ich einen freien Tag habe, kann ich nicht aus dem Hause gehen, ohne Dir, Du Lieber, erst geschrieben zu haben. Wenn Du mich recht glücklich hättest machen wollen, so hättest Du mir wie sonst am Morgen Deiner Abreise ein paar Wörtchen geschrieben und mir hierher geschickt. Doch gerne kommt meine Liebe der Deinigen zuvor, denn Du hast doch noch das alte Gefühl für mich, wenn auch hier und da die Formen sich ändern. Der Himmel gebe, daß dieser Brief Dich gesund antrifft, Du lieber Alter, dann bist Du vergnügt und ich kann ruhig sein (…) Morgen spiele ich Maria Stuart, übermorgen schreibe ich Dir wieder. Ich wünsche Dir, mein Alter, alles mögliche Vergnügen, was zu Deinem Wohlbefinden gehören mag. Auch lieben kannst Du – Du kannst lieben, doch verliebe Dich nur nicht.

Adieu, Du lieber Engel, Du bist mein einziger Lieber, habe mich auch lieb und schreibe mir bald.

Ich versinke im Schmerz, mein Glück ist dahin

Katharina die Grosse
an einen Unbekannten

Als ich mit diesem Brief begann, war ich glücklich und erfreut, meine Gedanken eilten so schnell von hier, daß ich nicht wußte, was noch aus ihnen würde. Es geht so nicht weiter: ich versinke im Schmerz, mein Glück ist dahin; vor acht Tagen glaubte ich selbst, an dem unersetzlichen Verluste meines besten Freundes sterben zu müssen. Ich schluchze, indem ich Ihnen mitzuteilen das Unglück habe, daß der General L. nicht mehr am Leben ist, und mein Zimmer, das für mich einst so erfreulich war, ist für mich eine leere Höhle geworden, in der ich mich mit Mühe wie ein Schatten fortschleppe. Ich kann kein menschliches Antlitz mehr sehen, ohne daß mir Seufzer die Sprache raubten. Ich kann weder essen noch schlafen; das Leben ist mir peinlich, und das Schreiben geht über meine Kraft. Ich weiß nicht, was aus mir werden soll, ich weiß nur, daß ich niemals im Leben so unglücklich war, wie seitdem mein bester, liebenswürdiger Freund mich so verlassen hat. Ich habe mein Schubfach geöffnet und dieses angefangene Blatt gefunden; ich habe diese Zeilen gekritzelt, aber ich kann nicht weiter…

Ich kann entfernt von Dir nicht leben

Charlotte von Kalb
an Jean Paul Friedrich Richter

Daß ich meine Lippen auf die Wunden Deines Herzens legen werde. Sei still, liebe Seele!« Ich habe seit gestern um 10 Uhr nichts anderes gedacht.

»Werde ruhig und hoffend!« Bei der ewigen Wahrheit, bei meiner Seligkeit, ich will es werden. Prüfe Dich nur, was Deine Liebe für mich Dir ist. Ob sie Deinem Herzen unentbehrlich ist, ob sie unendlich ist. Es ist mir, als hörte ich nur meine Liebe. Von einem mächtigen Geist vernichtet zu werden, ist viel erhabener als die höchste Ehre, Genuß und Fülle, so die Welt geben kann. O nimm mich auf, damit ich sterben kann, denn ich kann entfernt von Dir nicht leben und nicht sterben. Heiliger Gott, gib Deinem Unsterblichen alles – alle die Seligkeit, die Deine Erschaffenen entbehrten, alle die Seligkeit, die sie verkennen! Gib ihm mein Herz, gib ihm meine Wonne! Laß mich nur in seiner Nähe, daß ich sein Antlitz schaue! Laß mir den Schmerz, laß mir die Tränen um ihn!

Ach, komme, ich beschwöre Dich um meine Seligkeit, komme jetzo, Du wirst Ruhe finden! laß mich nicht in den fürchterlichen Leiden allein! Bis den Abend kann ichs nicht tragen. – Lieber den Tod.

Ch.

Liebende aber sollen unbewaffnet sein

PAULA LUDWIG
an Iwan Goll

Berlin, 2. September 1933

An dem Tag, da Dein letzter Brief kam, schenkte man mir eine riesige rote Lilie, wie ich noch nie eine besaß. Ihr Kelch ist wie Fleisch. Er ist wie ein feuriger roter Mund. Ihr Mund ist wie ein roter Kuss. Ohne mein Wissen zog es mein dunkles Ich in seinen Abgrund. Da wohnt es nun wie in Deinem Fleisch – seelenlos – gedankenlos ein dumpfes Gefühl von Lust. (...)

Ich selbst aber kann nichts mehr tun – als warten. Und dieses Zutun macht müde. Ja ich war entsetzlich müde in den letzten Wochen. Jetzt aber geht es mir besser. Der Herbst von 1931 geht um in der Wohnung. Seine Tränen rinnen an die Fensterscheiben – sie kommen zurück, die ich weinte – sie kommen von Dir.

Ich will die letzten Tage in unserer Wohnung in dieser Erinnerung leben. (...)

Mein Geliebtes: ich wache und sorge für Dich! Bald wirst Du sein dürfen, was Du bist –.

Du darfst nichts mehr verschweigen – die Zeit ist um, wo wir schweigend gelitten haben. Du mußt mich über Dein Leben alles wissen lassen. Alle Notwendigkeiten und Schwierigkeiten. Es wird Zeit, dass Dein persönliches Leid aufhört, erlöst wird – denn ein anderes, Größeres wartet auf Dich. Das Leid der Glücklichen. Ich habe es einmal gefühlt, als ich an Deiner Seite selig war – nichts an Schmerz ist ihm zu vergleichen. Wahrscheinlich ist es das, was die meisten, auch die Größten unter den Menschen nicht ertragen. Sie erkennen es nicht, sie glauben es ist das Glück, das man nicht erträgt und kehren lieber zu ihrem alten Alltagsleid zurück. Das teilen sie mit der ganzen Menschheit, das hat schon seinen Namen während das Neue grundlos und nicht von der Erde ist. Die Götter kennen es wohl.

Iwan, ich bitte Dich: sei nicht mehr traurig! Vergiß zu keiner Stunde des Tags und der Nacht wer Du bist! Muß ich Dir immer und immer wieder sagen wer Du bist? Nur weil Du Deiner Selbst nicht immer bewußt bist, zweifelst Du, umgeben von Anklägern und Blinden. Dann tust Du sogar manches was Deiner unwürdig ist und sagst Sätze, die mich verletzen müssen, weil sie nicht aus Deinem absoluten Ich kommen. Und bist wie ein Musiker ohne Instrument – und weißt nichts von Deiner Seele. Und doch hast Du mich, um alles über sie zu erfahren und trunken zu werden von ihrer Größe und Schönheit.

Auch ich, auch ich klage mich an, dass ich mich oft selbst verleugne. Wir dürfen nicht allen Stimmen glauben die aus unserm Mund kommen und wir tun es auch nicht – das ist das Sonderbare – wir tun uns nur weh – aber wir wissen, dass wir, nur um uns weh zu tun, zu diesen Waffen greifen. Liebende aber sollen unbewaffnet sein. Ihr nackter Körper allein, allein ihr Auge muß Schmerz und Lust bestimmen.

In Dir finde ich all mein Glück

LUISE VON PREUSSEN
an König Friedrich Wilhelm III.

15. Mai 1794

Mein teurer und geliebter Freund,
meine Feder soll Dir nun sagen, was mein Mund Dir schon eine Millionmal gesagt hat: daß ich Dich unsagbar liebe. Wie hart ist es für mich, Dich nicht mehr bei mir zu haben. Einsam und allein überlasse ich mich meinem Schmerze. Mein einziger Trost ist, auf demselben Sofaplatz zu sitzen, wo Du immer saßest. O Gott, könntest Du mich sehen, könntest Du Deine unglückliche Frau sehen, wie sie über Deine Abreise seufzt, wie unglücklich und verlassen sie ist. Tränen sind mein einziger Trost, aber wie bitter ist er ... Vergiß mich nicht, mein teurer Freund. Erinnere Dich Deiner Luise, die nur für Dich lebt, und die ohne Dich unglücklich ist. (...) Bei Gott, ich schwöre Dir, daß keine Liebe der gleich kommt, die ich für Dich fühle; nicht die Liebe für Vater und Mutter, nicht zu Schwester und Bruder. Du bist mein Alles, Engel meines Herzens. In Dir finde ich all mein Glück. Ohne Dich ist mir alles nichts und ich bin unglücklich. Ich bitte Dich, um Gotteswillen, antworte mir

recht aufrichtig, ob Du auch recht innig und wahrhaftig von meiner wahren, reinen Liebe zu Dir überzeugt bist.

So sollst Du mich lesen wie ein Buch, ich will kein Blatt zudecken

JOHANNA VON PUTTKAMER
an Otto von Bismarck

(März 1847)

Einzig Geliebter – Du bist gewiß krank und so unverantwortlich unbarmherzig grausam, mir nichts zu sagen, bedenkst aber dabei gar nicht, daß ich mich nun erst recht ängstige, und daß ich Ungewißheit mehr hasse als alles auf der Welt! Aber so elend kannst Du doch nicht sein, da Du ja die Elbe up and down eilest – (...) und möchte Dir doch nichts zeigen als Liebe, – so warm, so innig, da ich Dir ergeben bin in Gefühlen, Gedanken, ja mit dem ganzen Herzen. (...) Schreiben mag ich nicht alles, sagen viel eher, und wenn wir länger beisammen sind, so sollst Du mich lesen wie ein Buch, ich will kein Blatt zudecken, Du sollst sie alle sehen und daher viel Böses und wenig Gutes darin finden; – aber ich habe kürzlich etwas gelesen, was mir Eindruck machte und bitte Dich, nimm es Dir auch zu Herzen, Geliebter: dieses tut weher, als wenn eine geliebte Person uns zum erstenmal etwas verheimlicht und wäre es eine Kleinigkeit.

Liebster Otto, wüßte ich doch nur zuerst ganz gewiß, daß Du nicht krank bist.

Deine Johanna

In den schlaflosen Alptraum-Stunden der Nacht

VITA SACKVILLE-WEST
an Virginia Woolf

Mailand, 21. Januar 1926

Ich bin nur noch ein Etwas, das Virginia will. Ich habe in den schlaflosen Alptraum-Stunden der Nacht einen wunderschönen Brief an Dich verfaßt, und er ist vollständig verschwunden: Ich vermisse Dich auf ganz einfache, verzweifelte, menschliche Weise. (...) Es ist kaum zu glauben, wie unentbehrlich Du für mich geworden bist.

Die Kunst des Abschieds

Ich weine wie ein Kind

MARIE GRÄFIN D'AGOULT
an Franz Liszt

(März 1840)

Welche Meinung soll ich also von mir haben, ich, die ich Sie mir nie in den Armen einer anderen denken konnte, ohne daß mein Verstand in völlige Verwirrung geriet. Ich, die ich noch heute meinen Anteil am Paradies hingeben würde für sechs ungetrübte Monate mit Ihnen? Sie sind zu sehr damit beschäftigt, groß zu sein, Sie sind zu philosophisch. Sie sind so stark, daß Sie der Schwäche der anderen keineswegs Rechnung tragen. Für Sie ist alles ganz einfach. Verzeihung, ich weiß nicht mehr, was ich Ihnen sage. Ich weine wie ein Kind; ich fühle, daß ich niemals Ruhe finden werde, und daß Sie sich niemals zu meiner Kleinheit erniedrigen können, noch wollen. Andern gegenüber fühle ich mich ebenbürtig. Ich fühle, daß sie meine Schwächen, meine Befürchtungen, meine Eifersüchte haben. Ich fühle, daß ihr unsicherer Wille von der Leidenschaft fortgerissen wird, ich sehe sie wie mich vom Elend des Lebens beschwert. Sie dagegen niemals. Was mich betrübt, betrübt Sie nicht. Was ich träume, darüber lachen Sie. Was ich will, darauf nehmen Sie keine Rücksicht. Sie nähren sich stolz von dem Bewußtsein Ihrer Größe, und Sie würdigen nicht einmal die kleinen Schmerzen der schwächeren Seelen.

Wo ist die gepriesene Freiheit nun

Sophie Bernhardi-Tieck
an August Wilhelm Schlegel

24. Oktober 1804

Wo ist die gepriesene Freiheit nun, in der ich leben sollte? Ach, in dem Augenblick, wo ich mein Leben verweinen möchte, wo ich mit der Sehnsucht meines Herzens Ihre Briefe zu mir herzwingen möchte, damit Ihre freundlichen Worte mich trösteten, erhalte ich solche, worin Sie mir alle gegebenen Worte brechen. (...) Ach, wie sind Sie erkaltet.

Ich kann nicht weinen

KAROLINE VON DACHERÖDEN
an Wilhelm von Humboldt

14. September 1790

Wie hast Du mich verlassen können? Wie Dich trennen von Deinem eigenen Leben? Lebst Du noch, Bill, oder ist Dein Herz in die tote Erstarrung des meinen versunken? Weh, ich habe Dich und mich betrogen. Ich habe auf Kräfte gerechnet, die der letzte Hauch Deines Mundes verweht, Dein letzter Kuß vernichtet hat. Ich habe Dich aus meinen Armen gelassen – mein eigen Dasein hab' ich mir entwandt! – O, Bill, Bill, komm zurück – ich trag' es nicht – Du weißt ja, daß mein Herz viel tragen kann, aber dies – ach verzeih, verzeih, meine Sinne sind verwirrt, meine Seele ist mir entrissen – diese Dumpfheit – mir ist, als fühlt ich mich langsam vernichten. – Ich kann nicht weinen. Meine Augen sind trocken und brennen fürchterlich. Wie sie Dich nicht mehr sahen, versiegten auch die lindernden Tränen. –

Die Begierde mehr als Zärtlichkeit trieb mich in Deine Arme

HÉLOISE
an Peter Abaelard

(um 1120)

Teurer, Teurer, Du weißt es, und keinem ist es unbekannt, daß ich alles verlor, indem ich Dich verlor; das abscheuliche Verbrechen, das Dich meiner Zärtlichkeit raubte, hat mich auch mir selbst geraubt; aber indem ich Dein gedenke, erlischt die Größe meines Verlustes noch in dem unvergleichlichen Schmerz, den ich fühle, Dich auf solche Weise verloren zu haben. Je quälender mein Schmerz ist, desto mehr fordert er gründlichen Trost. Und nicht von einem andern erwarte ich denselben, sondern von Dir, damit aus der Quelle meiner Leiden auch die Wohlfahrt der Heilung fließe. Du allein kannst mich betrüben, Du allein mich freudig machen oder mein Leid einschläfern. Du allein bist dazu verpflichtet; denn ich habe, ich kann es sagen, das Maß Deines Willens erfüllt, und anstatt in Dir in was es auch immer sein möge, zuwider zu handeln, habe ich den Mut gehabt, mich selbst zu verderben, um Dir zu gehorchen. Ich bin noch weitergegangen, und durch eine wunderbare Anstrengung hat meine Liebe sich in ihrem Wahnsinn dahin verirrt, daß sie ohne alle Hoffnung auf Wiedervergeltung den einzigen Gegenstand ihrer glühenden Wünsche opferte. (...)

Niemals, Gott weiß es, habe ich etwas anderes in Dir gesucht, als Dich selbst. Du warst es, Du allein, nicht Deine Güter, die ich liebte. Ich habe mich weder um die ehelichen Rechte, weder um meine Freuden noch um meinen Willen gekümmert; Dein Wille war es, Du weißt es wohl, den ich mir angelegen sein ließ zu befriedigen. (...)

Die Begierde mehr als die Zärtlichkeit trieb mich in Deine Arme, das heiße Blut mehr als die Liebe. So wie einmal Deine Triebe befriedigt waren, verschwanden alle Deine leidenschaftlichen Bewerbungen. (...)

In den verzauberten Stunden unserer Liebesentzückungen konnte man zweifeln, ob ich mich dem Triebe meines Herzens oder dem Instinkt des Genusses hingab. Jetzt erklärt das Ende den Anfang. Ich habe meine Sinne mit dem Bannfluch belegt, um Deinem Willen zu gehorchen. Mein ganzer Ehrgeiz war, so und vor allem Dein Eigentum zu werden. Wie groß ist also Deine Ungerechtigkeit, wenn, wie die Opfer sich vermehren, die Dankbarkeit sich vermindert, ja sogar ganz erlischt, besonders wenn etwas so Leichtes von Dir verlangt? Ach, ist denn das zuviel?

Noch einmal, erinnere Dich Deiner Pflichten, bedenke, was ich verlange, und ich ende diesen langen Brief mit einem kurzen Schluß:

Lebe wohl! Du bist mein Alles!

Indem ich also Dir Deine Freiheit zurückgebe

LUCIE FÜRSTIN VON PÜCKLER-MUSKAU
an Hermann Fürst von Pückler-Muskau

Muskau, 31. Oktober 1823

Es ist Zeit, den Entschluß ins Leben treten zu lassen, den ich, mein über alles teurer Freund, wie du weißt, schon längst gefaßt habe. Er heißt Trennung – und Trennung von Dir aus zärtlicher Liebe. So sehr Du alles entfernt hast, um mich jemals den Abstand unserer Jahre fühlen zu machen, so ist dennoch der Unterschied derselben zu groß, und nimmt durch meine Kränklichkeit noch täglich zu. Mit einem Wort, die Form unserer Verbindung lastet auf Dir, da sie jene Glückseligkeit ganz von Dir entfernt, welche doch die höchste und gehaltvollste bleibt, und die das eigentliche Verlangen Deines Herzens ausmacht; während außerdem alle Deine Verhältnisse aufs günstigste zusagen, um Dich an der Seite einer jungen Frau, umgeben von eigenen Erben, Familienfreuden und häusliche Zufriedenheit finden zu lassen.

Indem ich also Dir Deine Freiheit zurückgebe, und bestimmt erkläre, daß ich von Dir geschieden zu sein verlange, bezeuge ich Dir nochmals: daß ich Dir das höchste, das einzig wahre Glück meines Lebens verdanke – Dein geistreicher, liebenswürdiger Umgang, Dein fester, männlicher und doch so sanfter Charakter, haben es mir gewährt, und noch mehr als alles Dein tiefes, edles Gemüt, Dein gutes, weiches Herz!

Daß Deine Gesinnungen der Art sind, daß kein Wechsel, kein Ereignis sie zu verändern und aufzulösen vermag, das glaube ich, und nur in dieser festen Überzeugung fühle ich die Kraft, Dir ein Opfer zu bringen, das mir zwar unendlich schwer wird, ohne welches ich aber doch keine Beruhigung mehr find. Gott segne es – und leite davon für Dich das reinste, ungetrübteste Glück – herab; Deiner mütterlichen Freundin aber bleibe das Bewußtsein der treuesten Hingebung und Ergebenheit bis in den Tod, für das Teuerste und Geliebteste, was sie in dieser Welt besaß.

Deine Lucie

Wenn wir endlich zu leben beginnen

ROSA LUXEMBURG
an Leo Jogisches

30. April 1900

Du hast natürlich recht, daß wir schon seit längerer Zeit ein getrenntes seelisches Leben führen, aber das hat keineswegs erst in Berlin begonnen. Wir waren einander schon in Zürich seit Jahren seelisch entfremdet, die letzten zwei Jahre meines Aufenthaltes in Zürich haben mir besonders ins Gedächtnis eingegraben, daß ich mich schrecklich einsam gefühlt habe. Aber ich war ja nicht diejenige, die sich von Dir abgekapselt und abgesondert hat, ganz und gar umgekehrt. Du fragst, ob ich mir niemals die Frage gestellt habe: wie lebst *Du* denn, wie sieht es in Dir aus? Darüber kann ich nur bitter lächeln. Oh ja, ich habe tausende Male danach gefragt, nicht nur mich, sondern auch *Dich*, laut und beharrlich, doch ich bekam immer die Antwort, daß ich Dich nicht verstehe, daß Du nicht auf mich rechnest, daß ich Dir nichts geben kann, etc. Bis ich aufgehört habe zu fragen und durch nichts gezeigt habe, daß ich überhaupt etwas sehe oder mich für irgend etwas interessiere. Du schreibst, wie ich denn glauben konnte, daß Du Dich für eine andere interessierst, da doch keine andere Dir genügen oder Dich verstehen kann. Das habe ich mir früher immer selber gesagt.

Aber hast Du denn vergessen, daß Du mir in letzter Zeit hunderte Male wiederholt hast, daß *auch ich* Dich nicht verstehe, daß Du auch *mit mir* Dich völlig einsam fühlst! Worin liegt also der Unterschied? (...)

Du fragst ständig, wie ich so ruhig den Gedanken fassen konnte, unser Verhältnis zu lösen. Ob das »ruhig« vor sich gegangen ist, davon spreche ich hier nicht. Aber wie habe ich mich überhaupt dazu durchgerungen? Ich sage Dir das ganze Geheimnis: mir wurde besonders nach meinem letzten Aufenthalt in Zürich klar, daß Du meine seelische Konstitution völlig aus den Augen verloren hast, daß ich für Dich einfach die und die bin, die sich von anderen höchstens dadurch unterscheidet, daß sie Artikel schreibt. Ich wiederum, besonders hier, wo ich auf Schritt und Tritt sehe, mit *welcher Art* von Frauen andere Leute leben und wie sie sie anbeten und für Gott weiß was halten, wie sie sich geradezu ihrer Herrschaft unterwerfen, erinnerte mich bei jedem Schritt, wie Du mich behandelst, und es wurde mir klar, daß Du jedes Maß und jede Erinnerung an mein geistiges Wesen verloren hast. Und diese Überzeugung war für mich der lebhafteste und – der schmerzlichste Beweis dafür, daß Deine Gefühle für mich erkaltet sind.

Du fragst, ob ich von nun an wiederum mit Dir

ein gemeinsames geistiges Leben führen will. Die Antwort ist klar, aber bedenke, daß es an *Dir* liegt, das zu verwirklichen. So wie wir in den letzten Jahren gelebt haben, ist es unmöglich, ein *gemeinsames* geistiges Leben aufzubauen. Wenn Du Dein gegenwärtiges Mißtrauen aufgibst, daß ich Dich nicht verstehen kann, mich nicht für Dein Innenleben interessiere etc., dann erst ist ein Einverständnis zwischen uns möglich.

Ich hätte Dir noch vieles, vieles zu sagen, aber wahrhaftig, ich habe keine Kraft mehr, über all das zu schreiben. Wenn Du hier bist, wenn wir endlich zu leben beginnen, dann werden wir uns alles sagen. Und vielleicht wird es dann sogar überflüssig sein, darüber zu reden …

Ich küsse Dich vielmals
Deine R.

Nicht einmal liebkost hast Du mich

Anaïs Nin
an Henry Miller

Louveciennes, 23. Mai 1933

Henry, als June sagte, Du seist äußerst selbstsüchtig, glaubte ich ihr nicht. Heute hast Du mir einen tiefen Schock versetzt. Ich wußte immer, daß Du mich nur wegen dem liebst, was ich Dir geben kann, und war bereit, dies zu verstehen und zu akzeptieren, weil Du ein Künstler bist. Ich fand alle nur denkbaren Entschuldigungen für Dich. Ich erwartete keineswegs, daß Du Dein ganzes Leben lang menschlich bist oder auch nur sieben Tage in der Woche. Es schien mir andererseits nicht allzu schwierig, einen Tag in der Woche menschlich zu sein oder einen Tag nach zehn anderen. Seit Du mich an dem Montag, an dem Hugh zurückkam, verlassen hast, ist mir klargeworden, daß Dich das, was passierte, keinen Deut schert. Du nahmst Dir sofort vor, es zu vergessen. Du schriebst mir: Ich fühle mich sehr sorglos. Das alles störte mich nicht. Du hattest meinen Wunsch akzeptiert, Dir Freiheit zu geben, Freisein von allem. Du wußtest, daß ich das ernst meinte. Doch als ich Dich von jeder Besorgnis befreite, kehrtest Du sofort zu Deinem selbstversunkenen Leben zurück. Das wußte ich. Am Freitag sagte ich mir: Ich werde Henry nicht kommen lassen. Er liebt mich selbstsüchtig, nur wegen der guten Dinge. An *mir* liegt ihm in Wirklichkeit nichts. Und heute hast Du es bewiesen. Du fühltest Dich gut, gesund, sorgenfrei. Mein Leben interessierte Dich nicht. Du sahst mich nach zehn Tagen wieder und warst kalt. Nicht einmal liebkost hast Du mich. Du bist nicht ins Haus gekommen, um freundlich zu sein nach Deiner Gefühllosigkeit. Die Wahrheit ist, daß Du vollkommen glücklich bist in Clichy, allein. Ich werde dafür sorgen, daß Du weiterhin Deine Sicherheit hast, Deine Unabhängigkeit. Aber das ist alles, Henry. Alles übrige ist tot. Du hast es umgebracht.

Anaïs

Willst du wieder versuchen, mich zu vergessen?

GEORGE SAND
an Alfred de Musset

6 Uhr

Warum gingen wir so traurig auseinander? Werden wir uns heute abend wiedersehen? Dürfen wir glücklich sein? Dürfen wir uns lieben? Du sagtest ja und ich versuche es zu glauben. Aber es scheint mir, daß Du Deinem Gefühl nicht folgen kannst, und daß Du Dich bei dem kleinsten Schmerz gegen mich auflehnst wie gegen ein Joch. Ach, mein Kind, wir lieben uns, das ist die einzige sichere Tatsache in unserem Leben. Die Zeit und die Trennung hinderten uns nicht, und werden uns nicht hindern, uns zu lieben.

Aber ist ein Zusammenleben zwischen Dir und mir möglich? Bin ich imstande mit einem andern zu leben? Das erschreckt mich. Ich bin oft traurig und verstört; denn Du machst mich jeden Augenblick hoffen und verzweifeln. Was soll ich tun? Willst du, daß ich gehe? Willst du wieder versuchen, mich zu vergessen? Ich, ich werde das nicht mehr anstreben, aber ich kann schweigen und fortgehen. Ich fühle, daß ich Dich wieder wie einst lieben werde, wenn ich nicht fliehe. Ich töte Dich vielleicht und mich mit Dir; bedenke das wohl. Ich wollte Dir im vorhinein alles sagen, was zwischen uns zu befürchten wäre. Ich hätte Dir schreiben sollen anstatt zurückzukommen; das Verhängnis hat mich zurückgeführt, soll man es beklagen oder segnen? Seit zwei Stunden, ich gestehe es Dir ein, ist das Entsetzen stärker als die Liebe, und ich fühle mich gelähmt wie ein Mensch auf einem Bergpfad, der es zwischen zwei Abgründen nicht wagt, vorwärtszugehen oder umzukehren. Dich zu lieben bedeutet vielleicht für beide Teile ein Leben des Fiebers, oder die Einsamkeit und die Verzweiflung für mich allein. Sage mir, glaubst Du auf andere Weise glücklicher sein zu können? (...)

Wenn Du zu mir zurückkehrst, kann ich Dir nur eins versprechen: ich will versuchen, Dich glücklich zu machen. Aber Du müßtest Geduld und Nachsicht üben in jenen Augenblicken der Furcht und der Traurigkeit, die mich zweifellos noch übermannen werden.

Das Geständnis der Liebe

Das äußerste Glück

ALEXANDRA VON RUSSLAND
an Zar Nikolaus II.

Niemals glaubte ich, daß solch ein äußerstes Glück in der Welt existieren könnte, solch ein Gefühl der Einheit zwischen zwei sterblichen Wesen. Ich liebe Dich, diese drei Worte beinhalten mein Leben.

Als Du mich so lieb ansahst

Simone de Beauvoir
an Jean-Paul Sartre

Mein Geliebter,
ich empfand unsere Liebe nie stärker als an dem Abend in Les Vikings, als Du mich so lieb ansahst, daß ich mich fühlte wie beim Weinen ... Wäre es nicht so unbequem zum Schreiben eingerichtet, würde ich die Seiten füllen, um Dir zu sagen, wie glücklich ich bin und wie sehr ich Dich liebe. Aber mich tröstet die Tatsache, daß Du das selbst klar gefühlt hast, nicht wahr, kleiner Mann. Hier sind hundert Küsse, jeder enthält dieselbe Botschaft.

Ich fühle es immer mehr, daß ich nur Dich lieben kann

Pauline Bassenge
an Philipp Otto Runge

(März 1803)

Ich weiß nicht, ich kann Dir heute auch nicht ein gescheutes Wort schreiben, überhaupt finde ich, daß die gescheuten Worte, die ich schreibe, sehr wenig sind, ich habe mir recht Mühe gegeben, recht schlecht zu schreiben, damit Du etwas zu tun hast, um es zu lesen, dies ist so eine kleine Malice, die Du mir vergeben mußt, nein Du mußt nicht, aber Du wirst es doch tun, Du bist ja so gut und hast mich doch auch ein klein bißchen lieb, nicht wahr, mein Otto – mein Otto, mein guter Lieber – Otto, ich liebe Dich doch gewiß recht von ganzer Seele, von ganzen Herzen, ich fühle es immer mehr, daß ich nur Dich lieben kann, nur Dich Du guter Engel, ich werde Dich immer und ewig so lieben, und Du mußt mich auch so wollen, auch mein Otto, mein einziger geliebter Otto – ich muß aufhören, denn so kann ich nicht fortfahren, lebe wohl, bald sehen wir uns wieder, mein Otto, mein geliebter Otto, bald. Ich denke bis zu dieser Zeit nur an Dich.

Denk nie an das, was Du mir nicht geben kannst

ZELDA SAYRE FITZGERALD
an F. Scott Fitzgerald

Denk nie an das, was Du mir nicht geben kannst. – Du hast mir das liebste Herz von allen anvertraut –, und das ist so unglaublich viel mehr, als sonst jemand auf der Welt mir jemals anvertraute.

Du bist mir mehr wert als sonst einer

VITA SACKVILLE-WEST
an Harold Nicolson

Du bist mir mehr wert als sonst einer mir war oder sein könnte. (...) Ich glaube nicht, daß jemand sich eine exklusivere Liebe vorstellen könnte, zärtlicher, oder reiner, als ich sie für Dich habe. Ich glaube, sie ist unsterblich, das ist etwas Seltenes. Es gibt nicht viele Leute, die so einen Brief nach 16 Ehejahren schreiben ...

Ich werde Dich immer lieben

Felice Schragenheim
an Lilly Wust

29. Juni 1943

Im Namen aller zuständigen Götter, Heiligen und Maskottchen verpflichte ich mich zu folgenden zehn Punkten und hoffe, daß alle diese zuständigen Götter, Heiligen und Maskottchen mir gnädig sein werden und mir helfen werden, mein Wort zu halten:

1. Ich werde Dich immer lieben.
2. Ich werde Dich nie allein lassen.
3. Ich werde alles tun, um Dich glücklich zu machen.
4. Ich werde, sowie es die Verhältnisse erlauben, für Dich und die Kinder sorgen.
5. Ich werde nicht dagegen protestieren, daß Du für mich sorgst.
6. Ich werde mich nicht mehr nach hübschen Mädchen umsehen, höchstens um festzustellen, daß Du hübscher bist.
7. Ich werde abends sehr selten spät nach Hause kommen.

8. Ich werde mich bemühen, nachts leise mit den Zähnen zu knirschen.
9. Ich werde Dich immer lieben.
10. Ich werde Dich immer lieben.

Ich kann nicht schlafen, mein süßer Freund

SOPHIE SEYLER
an Johann Anton Leisewitz

13. September 1800

Die innigste Dankbarkeit drängt mich, Dir dies Blatt zu geben, denn, ich weiß es, Du würdest mich nicht sagen lassen, was ich Dir jetzt schreiben will.

Ich kann nicht schlafen, mein süßer Freund! Der Anbruch des heutigen Tages weckt aufs neue und noch lebhafter die Gefühle, mit denen ich mich gestern beschäftigte, und ich muß Dir endlich so danken, wie mein Herz es will. Ich bin voll süßer Rührung, mein Leben bis jetzt liegt vor mir, ich habe einen ernsten, aber nicht düstern Rückblick in die Vergangenheit und einen sehr heitern und beruhigten in die Zukunft getan, ich fühle, ich finde mich wieder, ich habe angefangen, das Zutrauen in mich selbst zu setzen, ohne das keine Tugend aufkommt, und ich werde gerade so viel Mißtrauen behalten als die Erfahrungen, die ich gemacht habe, erfordern. Eins wird dem andern aufhelfen, eins das andere unterstützen, stärken, befestigen.

Ich verdanke Dir unendlich viel, das weißt Du, aber ich verdanke Dir noch unendlich mehr als Du weißt, mehr als Du vielleicht ahnst. Hätte vor zwei Jahren nicht so ein Heldenvertrauen zu Deinem Herzen und Charakter, wenn auch noch so versteckt, in den meinigen verborgen gelegen, wer weiß, wohin es in einzelnen Augenblicken wahrer Verzweiflung mit mir gekommen wäre, wer kann berechnen, zu welchen eigentlichen Verbrechen ich vielleicht herabgesunken und was jetzt aus Dir und mir geworden wäre? Woher kam dies Vertrauen? Wer hatte es erweckt? Mit welchem Rechte? …

Mein, bester, treuester Freund, es hat lange und fürchterlich um mich gestürmt, noch viel fürchterlicher in mir. So ein Sturm muß manches zerknikken, aber Dir verdanke ich allein, daß er doch nichts verwüstete! Treulich habe ich seitdem wieder zusammengelesen und aufgebaut und werde ferner aufbauen und unermüdet ein Werk verschönen und veredlen, zu dem Du allein mir den Mut gabst; glücklich, wenn ich nicht sterbe, ohne es vollendet zu haben!

Wenn ich bedenke, was ich heute vor 19 Jahren von Dir erwartete, wie ich an Dir hing, wie das 19jährige Mädchen so recht eigentlich in Dich verliebt war! Ich habe viel von Dir erwartet, aber Du hast mir mehr gegeben, als ich selbst in jenem Rausche hoffte, mehr als ich je dachte, mich selbst! Du bist ein edler Mann, kein Geschöpf kann dem andern mehr schuldig sein als ich Dir, denn ich danke Dir Zeit und Ewigkeit!

Es ist schon spät, und doch kann ich nicht aufhören, an Euch zu schreiben

Maria Stuart
an James Boswell

Etwa Januar 1567

Verbrennt diesen Brief, denn er ist höchst gefährlich. Es steht nicht viel Gutes darin, weil ich an nichts denke als an Betrug. Wenn Ihr bei Empfang dieses Schreibens in Edinburgh seid, so laßt es mich in Bälde wissen.

Seid nicht böse, denn ich traue eben niemandem recht. Da ich bloß daran denke, Euch zu gehorchen, mein Geliebter, so achte ich weder auf Ehre noch Gewissen noch Zufall noch irgendeine Größe. Nehmt dies bitte gut auf und nicht nach Art Eures falschen Bruders, dem Ihr ja nach meiner Bitte nicht mehr glauben sollt gegen die treueste Geliebte, die Ihr je gehabt. Seht diejenigen nicht an, deren falsche Tränen nicht so geachtet werden sollten als all die treuen Bemühungen und Leiden, die ich auf mich nehme, um ihre Stelle zu verdienen.

Um Dich zu bekommen, tue ich, was gegen meine Natur ist, betrüge ich alle, die mich daran hindern wollen. Gott vergebe mir und Gott vergebe Euch, mein süßer Geliebter, alle die Glückseligkeit, die Eure demütige und treue Geliebte Euch wünscht. … Es ist schon spät, und doch kann ich nicht aufhören, an Euch zu schreiben. Ich küsse Euch nun die Hände und schließe den Brief. Entschuldigt mein schlechtes Geschreibsel und lest es lieber zweimal. Entschuldigt auch das, worauf ich geschrieben habe, denn ich hatte gestern kein anderes Papier.

Denkt Eurer Geliebten und schreibt an sie, und zwar recht oft. Liebt mich, wie ich Euch liebe.

M(aria) R(egina)

Erst die Liebe und dann das übrige

Pauline Wiesel
an Prinz Louis Ferdinand von Preußen

Der Krieg – Du Krieger, Du Jäger, Du Musikus. So viel geht mich ab, Louis – und dann erst kommt die Liebe. – Nein, Louis, erst die Liebe und dann das übrige – bei mir aber fällt keine Teilung vor, ich liebe nur Dich allein auf der Welt, Dich und Pauline, Du hast alles in mir getötet, ich weiß nicht, ob mich das glücklich machen soll, oder ob es nicht vielleicht besser wäre, es wäre anders. Nein, Louis, es kann nun mal nicht anders sein. Vergiß mich nicht, Dein Versprechen mit dem Bilde auch nicht, schreibe mir viel, doch nur, wenn es Dir so zumute ist, um keinen andern Gedanken – nur immer, wenn Du willst, nicht meinetwegen, Louis. Lebe wohl, meine Gedanken folgen Dir, ich bin ewig bei Dir. (…) Ach, Louis, ich muß schließen, aber wahrhaftig recht traurig, recht bewegt. Alles ist anders, als man glaubt, als man denkt, ich bin so schikaniert von tausend Erbärmlichkeiten, und doch kann ich es nicht ändern – Louis, eine, eine Stunde nur küssen.

Schicke Geld, ich habe keinen Sou und bin alles schuldig (…) ich habe ja nicht einmal ein Stück zum

Versetzen. (...) Da hilft keine Klugheit, kein Entsagen, kein Witz, keine Güte, nichts als Geld, oder solche Unannehmlichkeiten, die nicht zu überleben sind; ich habe nun seit meinem Hiersein keinen Groschen in den Händen gehabt ...

Lebe wohl, Louis, ich bin so verstimmt, Dir das sagen zu müssen, ewig in solcher infamen Lage ist terribel, meine Schuld ist es nicht.

Sei nicht böse auf Deine arme

Pauline

Trotz größter Sorgfalt konnten nicht alle Rechteinhaber der Texte dieser Briefsammlung ausfindig gemacht werden. Rechts- und Honoraransprüche bleiben gewahrt. Berechtigte Ansprüche werden selbstverständlich abgegolten.

Quellennachweis

Mileva Maric an Albert Einstein
Aus: Albert Einstein/Mileva Maric: Am Sonntag küss' ich Dich mündlich. Die Liebesbriefe 1897–1903. München 1994 (Piper Verlag)

Anaïs Nin an Henry Miller
Aus: Anaïs Nin/Henry Miller: Briefe der Leidenschaft. 1932–1953. Bern 1989 (Scherz Verlag)

Lilly Wust an Felice Schragenheim
Aus: Erica Fischer: Aimée und Jaguar. Eine Liebesgeschichte Berlin 1943. Köln 1994 (Kiepenheuer & Witsch)

Vita Sackville West an Virginia Woolf
Aus: Geliebtes Wesen. Briefe von Vita Sackville-West an Virginia Woolf. Frankfurt am Main 1995 (S. Fischer Verlag)

Helene Dimitriewna Diakonowa, genannt Gala an Paul Eluard
Aus: Tim McGirk: Gala. Dalís skandalöse Muse. München 1989 (List Verlag)

Paula Ludwig an Iwan Goll:
Aus: Iwan Goll/Paula Ludwig: Ich sterbe mein Leben. Briefe 1931–1940. Frankfurt am Main/Berlin 1993 (Limes Verlag)